ENTRENAMIENTO PARA HABLAR EN PÚBLICO

ENTRENAMIENTO PARA
HABLAR EN PÚBLICO

Walter L. Prize
Grenville Kleiser

Versión libre y actualizada
de Mestas Ediciones

ᴍ MESTAS EDICIONES

PROYECTO
METACRECIMIENTO
Desarrollo Personal y Empresarial

© MESTAS EDICIONES
Avda. de Guadalix, 103
28120 Algete, Madrid
Tel. 91 886 43 80
E-mail: info@mestasediciones.com
www.mestasediciones.com

© Derechos de Traducción: Mestas Ediciones
© Del texto: Walter L. Prize

ISBN: 978-84-18765-33-9
Depósito legal: M-21065-2022
Printed in Spain - Impreso en España

Primera edición: *Octubre, 2022*
Segunda edición: *Octubre, 2023*
Tercera edición: *Marzo, 2024*

INTRODUCCIÓN

EL ARTE DE GANARSE LA VIDA CON LA PALABRA

Lo cierto es que desde la aparición del habla, hace ya muchos, muchos siglos, el ser humano ha utilizado este medio no solo para comunicarse, sino para conseguir ciertos fines valiéndose de ese acto de comunicación. Hablar deja de ser un simple vehículo para expresarnos, para ser mucho más.

A lo largo de miles de años hemos utilizado la palabra para convencer, defender, convertir, hipnotizar, cambiar, argumentar, persuadir, tranquilizar, ensalzar, filosofar, enamorar, motivar, denigrar, vapulear, hundir, influenciar, vender... y un sinfín de cosas más. No cabe duda de que quien ha conseguido un domino especial de este arte de comunicación, ha sabido sacarle el máximo partido y hacerse un pequeño hueco en la historia de la humanidad. Ahí están los grandes líderes mundiales (desde Julio César a John Fitzgerald Kennedy, pasando por Martin Luther King, Mahatma Gandhi o Nelson Mandela). Personas que un día cambiaron el sentir de un pueblo a través de sus discursos y acciones. También tenemos a grandes filósofos (de Sócrates a algunos más actuales como Osho) que supieron inculcar a su voz la fuerza necesaria para transformar las vidas de millones de almas, y, por ende, la vida del ser humano en general. Tampoco quiero olvidarme de aquellos que transmitieron con las palabras el amor por la vida e hicieron del arte de hablar en público una forma significativa para guiar a sus iguales. ¿Quién no ha aprendido de las enseñanzas de Jesús de Nazaret o Buda, por ejemplo? ¡Y vaya si fue extraordinaria su influencia, que en pleno siglo XXI, millones y millones de personas de todo el planeta, aún siguen sus preceptos!

Hoy en día hay decenas de profesiones donde hablar para otros se vuelve imprescindible. A saber: profesores, formadores, conferenciantes, políticos, actores, abogados... Además de eso, es una herramienta determinante en la mayoría de empresas y puestos de trabajo, dado que el buen funcionamiento de un equipo laboral conlleva un buen uso de la comunicación y, en la mayoría de los casos, liderazgo. Y el espíritu del líder está muy asociado al habla, pues con ella expone, soluciona o entusiasma al resto de sus compañeros.

En la última década, con el boom definitivo de internet, donde todos estamos más conectados que nunca con cualquier persona de cualquier país del mundo, han aflorado profesiones alternativas muy relacionadas a la expresión oral: bloggers y conferenciantes online, vídeo-formadores e-learning, digital marketers, oradores motivacionales, community managers... Lo que me permite decir que el arte de hablar en público se tornará una de las herramientas más necesarias y determinantes en las próximas décadas, dejando de ser un instrumento que unos pocos utilizaban para potenciar su poder sobre el resto, para ser un medio que millones de personas necesitarán para poder ganarse la vida dignamente. ¡Es la profesión del futuro más inmediato!

De ahí que hayamos decidido realizar este libro, ya que nos dimos cuenta de que estos nuevos trabajadores de este presente-futuro inmediato, necesitaban una guía que los llevase a descubrir las grandes puertas que hablar en público les puede abrir desde hoy mismo. Aquí encontrarás un apartado del libro con una visión modernizada, actualizada a los nuevos designios del siglo XXI, de este acto de comunicación, realizada por mí, Walter L. Prize, escritor y orador motivacional, dividida en cuatro partes: **1)** Los conceptos imprescindibles para dominar el arte de hablar en público; **2)** Lo que debes saber y hacer antes de hablar en público; **3)** Lo que debes saber y hacer durante el discurso; y **4)** Lo que debes saber y hacer después del discurso. Pero además, también encontrarás una versión muy simplificada y esquemática de un maravilloso libro de Grenville Kleiser titulado "The Training of a Public Speaker". En él descubrirás un plano mucho más teórico, sesudo y clásico sobre el arte de la Oratoria y la Retórica, que te llevará a entender la evolución que ha tenido el habla a lo largo de los siglos, dependiendo del uso realizado, pero que te dejará muy claro que la esencia es la misma que la utilizada por oradores tan determinantes en la historia como el gran Quintiliano. Esta parte del libro, sin duda, te exigirá mucho más esfuerzo de lectura, ya en él se desarrollarán conceptos más avanzados. Diríamos que la primera parte del libro te empujará al oficio de hablar en público, mientras que esta segunda parte te pondrá bajo la pista de las ideas teóricas que se vienen dando desde tiempos de la Antigua Grecia y Roma.

Lo que pretendo con estas páginas es que consigas con la lectura y puesta en práctica de lo que aquí se expone, la seguridad y confianza necesaria para lanzarte a hablar delante de otras personas, perdiendo todo miedo y sabiendo expresar a la perfección lo que quieres decir. ¡Lo harás muy fácilmente y, lo más importante, divirtiéndote! ¿Es complicado hablar en público? Rotundamente NO. Hablar es fácil si:

1. Sabes qué tienes que decir.

2. Estás al corriente y dominas los conceptos básicos para expresar correctamente lo que quieres decir.

3. Sabes dominar tus emociones y pensamientos.

4. Conoces a tu audiencia.

Teniendo en cuenta estos puntos, ¡adiós al miedo!, todo lo demás vendrá rodado. Además de tener en cuenta que si lo que vas a contar no despierta interés en ti, tampoco le despertará ningún tipo de interés a los demás. Debes convertirte en lo que quieres transmitir. Debes poner pasión a lo que cuentas y literalmente debes "sentir" lo que quieres que tus oyentes "sientan". Si el tema del que hablas no te apasiona, olvídalo, pues lo único que harás es hacer que la gente se aburra y pierda el tiempo. Por el contrario, si el tema te hace vibrar, lograrás que los demás vibren contigo. Seguro. Y con el tiempo y la práctica, aprenderás a mejorar, a sintetizar mejor la información y a transmitirla de forma más sencilla, amena y directa. Aprenderás a dominar los tiempos de lo que siente y experimenta tu auditorio. Es solo cuestión de conocimientos y práctica. Es un ciclo de aprendizaje que nunca acaba y en el que siempre hay hueco para la mejora.

Por lo pronto, te animo a que no dejes para mañana las enseñanzas que este libro te puede ofrecer y que empieces ahora mismo su lectura. Te transformará y te convertirá en una persona más segura de sí misma y con las ideas más claras de lo que quiere expresar al mundo entero. Es una gran oportunidad, no la desaproveches, independientemente de si deseas dominar este arte con el fin de dirigir con sabiduría a tu equipo empresarial o enseñar en un colegio o universidad o dar charlas para motivar a personas que lo necesiten… Sea lo que sea, estoy seguro de que este libro te servirá de guía y te echará una mano en este viaje.

¡Mucha suerte! ¡Y mucho trabajo! ¡Adelante!

Walter L. Prize

LIBRO PRIMERO:

APRENDE A HABLAR EN PÚBLICO

Walter L. Prize

PRIMERA PARTE:

LOS CONCEPTOS IMPRESCINDIBLES PARA DOMINAR EL ARTE DE HABLAR EN PÚBLICO

LAS NEURONAS ESPEJO, NUESTRA MEJOR ARMA PARA LA EXCELENCIA

Transmitimos aquello que sentimos en nuestro propio cuerpo. Nuestro mensaje (ya sea una historia, un eslogan, un producto, una lección moral o lo que quiera que queramos que le llegue a la audiencia) está unido a una serie de componentes que nuestro público no "lee" a simple vista, pues no son conscientes de ellos, pero que su cerebro sí que procesa y "lee" a la perfección. Se trata de emociones, microexpresiones, reacciones involuntarias, etc.

¿No has pensado alguna vez: "Esta persona no me cae bien, aunque no sepa por qué"?

¡Claro que sí! Y eso es debido a que has "leído" sus expresiones, y éstas te decían que no debías fiarte mucho de esa persona. ¡El cuerpo no miente!

La mayoría de oradores novatos no se dan cuenta de que dicen con su boca unas cosas que contradicen con los movimientos de su cuerpo, motivando que la gente no acabe convencida por el discurso, a pesar de lo contundente de sus palabras. ¿Por qué? Lo repito: porque nuestro cuerpo no miente. Nuestro cuerpo dice EXACTAMENTE lo que sentimos en ese momento. Y aunque quizá quien nos vea no sepa conscientemente descifrar esas mentiras, ten por seguro que albergará muchas dudas sobre lo que le contamos.

Por esa razón, nosotros, como oradores profesionales, debemos tener claro dos cosas, que debemos apelar a:

1) La parte consciente del oyente.

y **2)** La parte inconsciente del oyente.

Y para ello debemos saber, antes de empezar:

1) Qué queremos que nuestros oyentes "oigan" y "sientan" con nuestro mensaje.

y **2)** Cómo TRANSFORMARNOS en eso que los oyentes "oirán" y "sentirán", con el fin de transmitir verdad y nada más que verdad, que es de lo que se trata.

En 1996 Giacomo Rizzolatti hizo un descubrimiento que ha hecho que cambie nuestra forma de ver y entender nuestra conexión con el resto de personas con las que nos interrelacionamos. Se trata de las neuronas espejo, que son una cierta clase de neuronas cerebrales que se activan cuando una persona o animal ejecuta un movimiento, o cuando imagina u observa ese mismo movimiento siendo ejecutado por otra persona o animal.

Las neuronas espejo hacen que sintamos en nuestro cerebro, y por ende en nuestro cuerpo, lo que vemos de verdad o imaginamos. Literalmente, esta serie de neuronas nos convierten en lo que vemos o imaginamos la mayoría del tiempo. Si vemos desgracia en el mundo, nos hacen sentir empatía con esa sensación y nos sentiremos automáticamente desgraciados. Pero ¿qué pasaría si, como oradores, hiciésemos ver o imaginar amor, pasión o entusiasmo a nuestros oyentes? Pues que esas neuronas harían que nuestro auditorio sintiese el amor en toda su expresión, la alegría, la felicidad y esa pasión y entusiasmo.

WALTER L. PRIZE y GRENVILLE KLEISER

Al ser humano, desde el principio de los tiempos, le ha gustado escuchar historias. Ahora las vemos en el cine o las leemos en los libros, que viene a ser lo mismo. ¿Por qué nos gusta hacerlo? ¿Por qué perder un tiempo valiosísimo en escuchar, leer o ver historias reales o ficticias que les han pasado a otros? Porque nos gusta experimentar una serie de sensaciones que esas personas han vivido, nos hace experimentar las emociones que desarrollan los protagonistas. Los entendemos perfectamente porque no hablan con las palabras, hablan con el alma y con el lenguaje más universal de todos. Y al escuchar o ver sus andanzas, nuestro cerebro va recreando las situaciones, y nuestras neuronas espejo nos hacen vivenciarlas como propias. Ésa es la razón de que nos emocionemos con las historias de amor, amistad o fe, por poner algunos ejemplos, que vemos en las películas, leemos en los libros o nos cuentan. De esa manera aprendemos a vivir; aprendemos de esas experiencias, aunque no sean nuestras. Nuestro cerebro activa las mismas redes neuronales tanto si estamos viviendo la situación de forma real, como si la estamos imaginando o viendo. Así, tanto si es real como si no lo es, nuestro cuerpo, nuestras emociones y sentimientos, se comportan como si lo fuera.

Estamos ante un arma potentísima, si le sabemos extraer el máximo jugo, ya que por una parte nos ayudará a aprender a SENTIR, RESPIRAR y COMPORTARNOS como el orador que queremos ser; y por otra, nos impulsará a interrelacionarnos con nuestros receptores mediante el lenguaje más universal de todos, el de las emociones. Así, diremos verdad y nada más que verdad en nuestro discurso.

No te miento si te digo que las neuronas espejo se convertirán para ti, como orador, en tu mayor y más eficaz herramienta para conectar con la persona que te escucha. Es el puente para empatizar con los demás. Y lo es por dos razones:

1) Porque podrás dominar qué quieres sentir tú y quién quieres ser realmente, gracias a TUS neuronas espejo.

2) Porque transmitirás aquello que quieres que tu público "sienta", gracias a SUS neuronas espejo.

Cualquier discurso público debe "cambiar", transformar de alguna manera al oyente, debe llevarle de un estado A a un estado B, sea él consciente de ello o no. Debe motivarle a dejar de fumar definitivamente, a comprar ese coche que siempre quiso, a votar con convencimiento en esas elecciones; debe decidirse a convertirse a la excelencia... o lo que sea... En definitiva, debe aprender algo. Si no es así, nuestro discurso no habrá tenido ningún tipo de sentido.

Nosotros (tú y yo... y el resto de los oradores mundiales) tenemos que comprometernos con el cambio y la transformación de nuestros oyentes. Ése es nuestro cometido. Transformar honestamente las vidas de quienes nos escuchan y nos prestan lo más valioso que tienen en sus vidas (aquello que nunca más podrán recuperar): SU MARAVILLOSO Y PRECIADO TIEMPO. Simplemente por esa cuestión, tienes la obligación de utilizar la palabra RESPETO en su máxima expresión. Lo cual quiere decir que debes formarte como orador de la mejor manera. O sea, comprometerte a ser "no bueno", sino "el mejor", lo cual implica procurar ser excelente siempre. Y mejorar cada día. No solo por ti, sino también por ellos, por tus oyentes. Lo primero que debemos trabajar es la imagen global de quién queremos ser, del tipo de orador que nos gustaría llegar a ser (que es lo que explicaremos en los siguientes apartados). Lo segundo, una vez que tenemos esa imagen asociada a nosotros, es preparar el discurso y los sentimientos asociados al mismo. En ambos aspectos será necesario el uso de los conocimientos en las neuronas espejo y, algo muy importante: la repetición.

El cerebro humano aprende creando nuevas redes de neuronas que se encienden a la vez. Cada vez que aprendemos algo, una serie de neuronas se conectan juntas. Si pasado un tiempo estas neuronas se siguen encendiendo y conectándose a la vez, la red neuronal se afianzará y cada vez será más potente y fuerte. Se convertirá en una red consolidada. Y eso lo habremos conseguido mediante LA REPETICIÓN. Que las neuronas se conecten al principio juntas no garantiza que lo vayan a hacer siempre igual. Lo que lo garantiza es la repetición. Si siempre se hace así, siempre será así. De esta manera aprendemos no solo conceptos, sino también formas de comportamiento ante las mismas acciones.

Te voy a poner un par de ejemplos para que lo entiendas más fácilmente. Cuando uno aprende a conducir, no aprende en el primer día el dominio total del coche, por mucho que pueda el profesor explicarle todos los conceptos. Es la práctica diaria la que hace que llegue un momento en el cual podamos conducir con total seguridad sin ni siquiera tener que pensar en cada uno de los movimientos a realizar. El primer día pudimos crear la red neuronal que nos permitirá conducir, pero no es hasta pasado un tiempo, después de muchas repeticiones, cuando conducimos de forma segura y confiada.

Otro ejemplo. Pongamos que un hermano reacciona de forma airada, e incluso violenta, cada vez que su otro hermano toca algún juguete que es suyo o dice algo que le molesta y le saca de quicio. Esto no sucede de un día para otro. Este comportamiento aprendido es la consecuencia de repetir durante mucho tiempo la misma reacción. Ha encendido tantas veces las misma neuronas, que llega un momento que no puede dominar esa reacción, surge de forma incontrolada, ya que es la algo que está grabado dentro de su cerebro: a tal causa tal efecto. Siempre el mismo. Es difícil de controlar porque está fuertemente arraigado a base de repetición.

También se puede aprender a base de un gran impacto emocional, pero es algo que nosotros utilizaremos menos en nuestro desarrollo como oradores, o que al menos no nos será de tanta utilidad como la repetición. Te pongo un ejemplo para que entiendas el concepto de "gran impacto emocional". Seguro que la primera vez que fuimos a meter los dedos en el enchufe siendo niños y nuestra madre nos gritó aterrada, y asustándonos, se nos quedó grabado al instante que "los dedos en el enchufe no se debían poner". ¿Por qué? Porque al factor "no hagas eso" se le sumó una grandísima carga emocional. Eso hace que nuestras redes sinápticas cerebrales se enraícen con esa carga emocional, haciéndola más gruesa y potente, con lo que la recordaremos sin problemas durante mucho más tiempo.

Por otra parte, en muchos procesos de aprendizaje utilizaremos "el aprendizaje por imitación", que es la consecuencia del uso de las neuronas espejo. Los bebés, sin ir más lejos, aprenden a convivir con el mundo mediante este método. Es un juego para ellos. Caminar es un ejemplo muy claro de ello. Ven a los adultos. Sus neuronas procesan el movimiento que hay que hacer. Lo ven e imaginan miles de veces, hasta que se lanzan a hacerlo. No les sale a la primera, claro. Pero no se desaniman y se quedan en el carrito toda su vida. Se levantan y lo intentan una y otra vez. Siguen viendo a los adultos e imaginando en su mundo interior gracias a las neuronas espejo. Cuando consiguen en su interior tener en orden todas las coordenadas y estímulos necesarios para poder dominar y mover todos los huesos y músculos necesarios, voilà, el milagro ocurre, empiezan a caminar como por arte de magia. ¡Eso es lo que nosotros vamos a hacer para convertirnos en oradores profesionales! ¡Exactamente eso! Un bebé no corre un maratón el primer día, por mucho que le pudiese gustar la idea. Todo lleva su tiempo… y observación y repetición. Por eso tú tampoco deberías salir a hablar delante de 5.000 personas tu primer día. Todo llegará, con constancia, deseo enfocado y más y más repetición.

¡Vamos a ello!

CONCEPTOS PARA RECORDAR:

- ✓ Transmites lo que dices verbal y físicamente.
- ✓ Debes convertirte en aquello que quieres transmitir. Sentir lo que quieres que sientan.
- ✓ Las neuronas espejo te hacen sentir lo que ves o te imaginas.
- ✓ Has de utilizar las neuronas espejo para sentir lo que quieres transmitir. Y para convertirte en la persona que quieres llegar a ser.
- ✓ El discurso debe servir para llevar al oyente de un estado A a un estado B.
- ✓ La repetición es lo que hace que las neuronas espejo afiancen los sentimientos y comportamientos asociados, por eso REPETIR es la base del aprendizaje.
- ✓ Viendo aprendemos por imitación gracias a las neuronas espejo.

CONVIÉRTETE EN EL TIPO DE ORADOR QUE QUIERES SER

¿Cuáles son tus ídolos en este terreno? ¿Quizá un audaz vendedor de lengua fácil que siempre conseguía venderte algo? ¿Quizá un profesor que te marcó por su entusiasmo y honestidad? ¿Quizá un jefe que durante años consiguió motivarte al 100% y sacó de ti lo mejor cada día? Da igual quien sea, pero seguro que hay alguien, aunque sea una persona remota a la que solo conozcas por la tele o por internet. Alguien a quien te gustaría parecerte; alguien de quien admires ciertos talentos que tú querrías para ti. Si no lo hay, ya tienes tu primera misión: buscarlo. Buscar y encontrar un modelo en el que mirarte.

Como hemos explicado en el punto anterior. Aprendemos por imitación gracias a unas neuronas llamadas espejo. Por eso necesitamos ese modelo al que observar e imitar, hasta que esas neuronas consigan transformarnos interiormente y empecemos a desarrollar las cualidades que necesitamos para ser la persona que queremos ser, en este caso oradores adaptados al ámbito que tú precises o más te guste.

Al final, seguro que te surgen no uno, sino varios modelos que admirar. De unos admirarás la seguridad y el temple, de otros el entusiasmo y la pasión, o el empaque, el saber estar, la fuerzan, el dominio de tiempos, la espontaneidad, la magia, la vocalización o tantas otras cosas que te pueden convertir "no en uno bueno", sino en "el mejor". Y quiero aclarar en este punto que cuando digo "el mejor" no estoy hablando de una competencia feroz contra otros oradores. Eso nunca te llevará a buen puerto. Me refiero a una competencia sana y nutritiva contigo mismo. Cada día debes ser un poquito mejor, pero un poquito mejor que tú mismo. Eso es evolucionar y encontrar la excelencia.

Tu función es hacer una lista de todas las cualidades que deseas tener para ser el mejor. Una vez que tengas esa lista, hazte un esquema en el que anotes qué modelos pueden tener esos requisitos que te gustan. Tómate tu tiempo, añade concienzudamente todas las cualidades y modelos. Y vuelve a esta lista para mejorarla tantas veces como sea necesario, cada vez que precises de alguna cualidad nueva.

Ahora vamos a darle utilidad a esa lista…

CONCEPTOS PARA RECORDAR:

- ✓ Tenemos que encontrar un modelo (o varios) a seguir, de los cuales extraigamos las cualidades que necesitamos para ser quien queremos ser.
- ✓ Mejorarte cada día es evolucionar y encontrar la excelencia.

OBSERVA AL TIPO DE ORADOR QUE TE GUSTARÍA SER

Ahora, al igual que aquel bebé que quiere caminar y observa detenidamente a los adultos cuando lo hacen, nosotros debemos observar cuidadosamente al orador u oradores de los cuales queremos aprender.

No te pongas a imitarlos a las primeras de cambio. No. Observa. Y después, observa un poco más. Deja que tus neuronas espejo hagan su trabajo, no intentes caminar sin haber cambiado antes algo dentro. Te vuelvo a repetir que nos convertimos en aquello que vemos o imaginamos. Así que ve e imagina. Ése es tu trabajo ahora. Naturalmente, llegará la práctica. Pero no por ahora. En estos primeros días haz trabajo interior, construye los cimientos en los que aposentar el edificio de tu éxito. Sin prisas. Pero sin pausa.

El fin es dar forma a ese orador que quieres ser, que en realidad, casi seguro que no será a imagen de uno solo, sino que será una mezcla de varios oradores a los que admiras. Pues bien, debes construir ese nuevo "yo" tuyo y verlo tantas veces como sea posible, para que a base de repetición llegue un momento en el que creas que realmente tú eres esa persona que imaginas. Como siempre, la repetición y el foco son la base.

CONCEPTOS PARA RECORDAR:

- ✓ Observa e imagina. Observa e imagina. Observa e imagina.

- ✓ No quieras caminar antes de tiempo. Lo más importante es la solidez de tus cimientos, el lugar donde crecerá el orador que quieres ser.

- ✓ Repite constantemente en tu cabeza la autoimagen del orador que has creado, hasta que se impregne en tu ser y llegue un momento en el que creas que esa persona eres tú.

LEE BIOGRAFÍAS Y ENSAYOS DE LOS MEJORES ORADORES DE TODOS LOS TIEMPOS. BUSCA INFORMACIÓN. VE PELÍCULAS, DOCUMENTALES, SEMINARIOS, CURSOS

El proceso de búsqueda de nuevas cualidades positivas, que te conviertan en el mejor, no acaba nunca. Cada día es una nueva oportunidad de mejorar. Por eso no solo debes centrarte en lo que ya conoces, sino que debes encontrar más cosas que te estimulen.

Leer un ensayo sobre alguien sobresaliente hará que, de alguna manera, veas e imagines a esa persona, que la entiendas, que comprendas sus motivos, virtudes y aciertos. Y que por lo tanto te transformes un poco en todo eso. También te ayudará a aprender de sus errores, y poder evitarlos cuando te ocurran a ti. ¿Por qué nos emocionamos en una película cuando el protagonista consigue, después de mucho esfuerzo, el objetivo? Porque nos sentimos identificados; gracias a las neuronas espejo comprendemos sus reacciones, su coraje y miedo, sus esperanzas y anhelos, sus decepciones y alegrías. Vivimos lo que él vive y aprendemos de la experiencia.

Quizá te pueda parecer que todo esto que te estoy contando no tiene nada que ver con hablar en público, pero te equivocas. Todo lo contrario. Tiene mucho que ver. Pues si lees o escuchas a los grandes oradores de todos los tiempos, los actuales y los más antiguos, te darás cuenta de que todos ellos reconocen la influencia que ejercieron sobre ellos otros grandes oradores a los que admiraban. Es algo matemático, todos los mejores aprendieron de los mejores. Por eso en este apartado te animo a que investigues quiénes fueron los mejores en tu terreno y que extraigas de ellos sus mejores cualidades.

Lee. Ve películas. Asiste a sus cursos. No pares de investigar nunca.

CONCEPTOS PARA RECORDAR:

- ✓ El proceso de búsqueda de cualidades es permanente. 24 horas al día, 7 días a la semana, 365 días al año.
- ✓ Busca y encuentra a los mejores en tu terreno, y aprende de sus cualidades más destacadas.
- ✓ Intenta comprender los porqués del héroe humano que estás investigando.

LEE PARA CONSEGUIR EL VOCABULARIO ADECUADO

La única manera eficaz de conseguir vocabulario es leer. Leer una gran cantidad de libros de todas clases y estilos. Hay quien dice que uno puede adquirir un buen nivel oral con el simple hecho de escuchar. Y hasta cierto punto podría ser cierto, pero mi experiencia me dice que las personas más cultivadas son aquellas que dedican tiempo a la lectura.

Es importante no leer solo de forma vaga (o sea, haciendo solo caso a la historia que estamos leyendo), sino que se mejora ostensiblemente cuando prestamos atención a los usos, modismos y formaciones gramaticales, así como a las palabras que no entendamos. En este último aspecto, te recomiendo tener siempre un diccionario cerca, ya sea físico o digital, para poder buscar la palabra que no entiendas.

Un truco para recordar las nuevas palabras que vayas descubriendo, que a mí siempre me ha ido de fábula, es:

1) Utilizar esa palabra nueva en los primeros días y semanas. Utilízala en una conversación corriente, en un escrito o mentalmente, pero utilízala. Este simple hecho hará que establezcas nuevas conexiones sinápticas.

y **2)** Crea inmediatamente, en el momento de leer su definición en el diccionario, una asociación "imposible" o "rara" con su significado o con su morfología. Por ejemplo: si quiero recordar la palabra "encomiable", que quiere decir "digno de alabanza", quizá imaginase a una persona superlativa, con todos las virtudes del mundo, de cuyo cuerpo no paran de salir nubes en las cuales pone la palabra "alabanza". Después imaginaria otra persona más vulgar que se "come" (la acción que me viene a la cabeza de "encomiable") las letras de esas nubes. Suena absurdo, ¿verdad? Pues sí, lo es, por eso lo recordarás.

CONCEPTOS PARA RECORDAR:

✓ En cualquier caso, lee. Siempre. Todo lo que puedas. Cada día. Si lees simplemente media hora diaria al cabo del año, habrás leído una buena cantidad de libros, que te ayudarán a mejorar en la búsqueda de la palabra ideal en cada parte de tu discurso. No lo olvides.

✓ Haz que la lectura y el proceso de aprendizaje de vocabulario sea una especie de juego, eso convertirá tu formación en un juego, y por lo tanto, no te costará llevarla a cabo.

APRENDE A EXPRESARTE CON SENCILLEZ Y SINCERIDAD

¡Empieza la parte práctica!

No busques palabras rocambolescas para expresarte. Utiliza palabras sencillas, oraciones sencillas y argumentos sencillos. En la sencillez se encuentra el oro de este arte. Hay quien piensa que parecerá más culto o más moderno o más especial si utiliza palabras raras o expresiones más enrevesadas. Pero no es cierto. Lo más probable es que la audiencia "desconecte" al poco tiempo, perdida por lo laberíntico del discurso o que se ponga a pensar que el que le habla es un pedante inaguantable. Hablar bien no tiene por qué ser hablar de forma sobrecargada y barroca. No obstante, es bueno hacer un buen uso de nuestra caja de herramientas, que en nuestro caso es un buen baúl de palabras, sinónimos de estas palabras y un gran abanico gramatical. Yo te recomendaría que jugases con las palabras, que utilizases cuantos más sinónimos, mejor, con el fin de crear más color a tu historia y no dar sensación de repetición, y, por supuesto, no jugar siempre con el mismo tipo de formas gramaticales, sino más bien lo contrario. Todo eso hará que el discurso FLUYA, y parezca reinventarse constantemente. Es cuestión de práctica. Práctica y más práctica. Un ejercicio que te ayudará muchísimo será el de leer una historia del periódico y contártela a ti mismo enfrente de un espejo, varias veces, utilizando distintos estilos, enfoques, expresiones gramaticales y palabras. Haciendo esto te darás cuenta de las posibilidades infinitas que tiene una misma historia, y cómo contada de diferentes maneras parece una historia completamente distinta.

Repite este ejercicio tantas veces como puedas.

CONCEPTOS PARA RECORDAR:

- ✓ Busca siempre la manera más sencilla de contar algo.

- ✓ El primer requisito para ser un gran orador es que siempre te entiendan.

- ✓ Utiliza la palabra que todos puedan entender antes que otra que no entienda la mitad del auditorio.

- ✓ Utiliza sinónimos constantemente para no repetir en exceso palabras o conceptos.

- ✓ Juega con las posibilidades que te ofrece el poder expresar una misma historia de decenas de maneras diferentes, dándole un enfoque y una transmisión de sentimientos distinta cada vez, mediante el uso de palabras y expresiones diferentes.

- ✓ Trabajando las posibilidades potenciales aprenderás a contar la misma cosa de una manera diferente. Algo esencial para cuando un oyente te pida que le expliques otra vez una determinada cosa.

ENCUENTRA TU PROPIA VOZ

Cada orador o escritor tiene sus peculiaridades. Y esas peculiaridades son las que conforman su voz propia y única. Uno puede haberse formado con las mismas técnicas y haber seguido a los mismos oradores, pero lo que lo hará diferente al resto será que sea capaz de encontrar y respetar su propia forma de expresarse, que es lo que llamamos "voz".

Seguro que serías capaz de reconocer a tus ídolos con sólo escucharlos, sin verlos, por su tono y por sus "dejes" a la hora que contar algo. Eso es lo que tienes que conseguir tú. Tienes que empaparte de las cualidades de tus ídolos y dejarte dar forma por todos los descubrimientos que hagas en el terreno que te toca, sin embargo, también debes ser capaz de hacer una síntesis de todo eso y mezclarla con la esencia de la persona que tú eres. Eso es lo que conformará tu voz única y reconocible. Ser tú. No debes ser ninguno de tus ídolos, debes ser tú. Y descubrir la manera de, siendo tú, acoplar todas las cualidades aprendidas de los grandes oradores de la historia que te sirvan de referente.

Cuando hagas cualquier ejercicio de los expuestos en este libro, hazlos a tu manera, a tu estilo, que estén ligados a tu forma de ser más íntima y privada, a cómo eres tú. El quid de la cuestión es conseguir todas las cualidades que necesitas para mejorar sin olvidar todo lo BUENO que ya existe en ti hoy. Si eres reflexivo, utilízalo. Si eres dicharachero, utilízalo. Si eres pasional, utilízalo. La base debe ser tuya, el infinito lo conseguirás de los demás.

CONCEPTOS PARA RECORDAR:

- ✓ Para conseguir una voz única y reconocible tienes que, en esencia, respetar lo que ya eres: tú, tu propio ser. Así encontrarás tu estilo más personal.

- ✓ Nunca renuncies a ti para convertirte en otra persona, tarde o temprano te sentirás defraudado, culpable o falso. Y lo que tienes que ser es todo lo contrario, una persona AUTÉNTICA.

CONVIÉRTETE EN TU MEJOR COACH

Ser un gran orador profesional implica ser una persona que sepa autodirigirse en todo momento, que sea capaz de ser su mejor coach o entrenador personal.

¿Por qué? Porque fácilmente pasarás por altibajos, tanto en un discurso como en una carrera profesional, y en esos momentos es en los que deberás ser capaz de sacar toda la artillería pesada y saber retornar a tu mejor versión.

Un discurso se asemeja mucho a un partido de fútbol donde hay momentos en los que vas con dos goles a favor y parece que todo marcha sobre ruedas y momentos en los que vas perdiendo y te toca hacer uso de la estrategia para dar la vuelta al marcador, sin perder la esperanza en ningún momento. Para eso has de tener la capacidad de analizar la situación y conseguir motivarte para el éxito en todo momento. Eso no se consigue sin práctica y experiencia.

Ejercicio:

Piensa en ti mismo como tu mejor amigo, aquella persona que lo sabe todo de ti y que encima tiene siempre la solución perfecta para tu problema o la palabra adecuada para animarte. Sé esa persona. Diferénciala de tu "yo" orador. Debes estar por encima de él y saber en todo momento lo que le conviene hacer.

Para experimentar esto, simplemente espera a que a lo largo del día surja el más mínimo problema, y en lugar de afrontarlo como "tú", deja que surja tu entrenador personal, respire hondee, recapacite y te guíe en busca de la solución adecuada. No reacciones como harías normalmente, confía en que la calma de tu coach dará con la solución. Por muy raro que esto pueda parecer, es algo que te ayudará en multitud de ocasiones. Y no es más que buscar la tranquilidad en los momentos de estrés, para que así tú mismo halles la solución creativa a tu situación. Cuanto más utilizas esta técnica, más fe tienes en ella y más resultados te da. ¡Así que confía y mucha fe!

CONCEPTOS PARA RECORDAR:

- ✓ Tú, como coach, debes estar siempre por encima de tu "yo" orador. Debes guiarle cuando esté perdido y dejar que fluya cuando todo marcha bien.

DOMINA CIERTOS ASPECTOS DE TU LENGUAJE CORPORAL

En este apartado fundamental quiero recordarte que "tu cuerpo habla", aunque tú creas que no. En todo momento estamos transmitiendo mediante microexpresiones que delatan nuestra forma de pensar y sentir. El oyente percibe esto a través de su parte subconsciente y "lee" a la perfección lo que le decimos. Por eso es determinante que aprendas a "controlar" en cierta manera tu lenguaje corporal. Es un tema que daría para hacer una enciclopedia por lo que no puedo aquí explicar todo lo que realmente necesitas saber para dominar tu día a día como orador. Por eso te sugiero que busques un buen libro para formarte al respecto. Hay decenas de libros brillantes sobre el tema. Busca en internet recomendaciones que te puedan ayudar a elegir el mejor para ti, y aprende todo lo que puedas sobre ello.

CONCEPTOS PARA RECORDAR:

- ✓ Tu cuerpo habla y transmite constantemente lo que piensas y sientes.

- ✓ Dominar el arte del lenguaje corporal te servirá para dominar tus propias reacciones (hasta cierto punto) y a algo todavía casi más importante que eso: a saber leer a tus oyentes, a saber qué piensan y sienten, y lo por lo tanto a adecuar tu mensaje a sus NECESIDADES.

PUEDES GRABARTE Y VERTE PARA CORREGIR CIERTOS ASPECTOS

En la parte práctica hay una cosa que a mí me ha ayudado enormemente a corregir errores físicos y orales: grabarme. Hoy en día, hasta los teléfonos móviles tienen una buena grabadora de vídeo, así que no tienes excusa para no hacerlo. Grábate y obsérvate. ¿Qué te transmites? ¿Es tu voz la adecuada en cuanto a volumen, tono o color? ¿Tu cuerpo va en consonancia con lo que dices? ¿Vistes adecuadamente? ¿Tus movimientos acompasan o entorpecen a tu voz?

Piensa en estos aspectos y en todos aquellos que se te ocurran a la hora de verte. No pasa nada si al principio no te gustas nada. Es normal. Saca en esos momentos a tu coach a relucir y anímate. ¡Ningún bebé echó a andar el primer día!

Corrige y vuélvete a grabar, ya verás como la práctica da sus resultados y cada vez te sentirás más seguro y confiado en tus posibilidades.

CONCEPTOS PARA RECORDAR:

- ✓ Verte te ayudará a aceptarte y a saber en qué punto estás de tu transformación como orador. Sigue puliendo y pronto llegarás a verte tal cual te ves en tu interior.

APRENDE A RESPIRAR CORRECTAMENTE

Me atrevería a decir que la respiración es el elemento esencial para dominar tu vida.

Toda tu vida.

Y, por lo tanto, también para controlarnos a nosotros mismos como oradores. Esto es lo que puede hacer por nosotros:

1) Respirar energiza. Sacamos más energía de la respiración que de la comida, simplemente por eso deberíamos prestarle más atención de la que le damos al acto de respirar.

2) Respirar tranquiliza. Algo, obviamente, esencial para el buen orador, ya que el dominio del estrés nos dará más control sobre nosotros mismos.

3) Respirar nos permite dominar el resto de las emociones. Lo cual es imprescindible para convertirnos en aquello que queremos transmitir al receptor.

4) Respirar nos permite marcar los tiempos. Un discurso pasa por momentos álgidos, más rápidos, más lentos, más bajos, etc. Eso lo logramos controlando nuestro movimiento y nuestro movimiento lo controlamos mediante el ritmo respiratorio.

5) Respirar nos permite proyectar la voz, modularla, mantenerla y cambiar de registros y colores, lo que hará que nuestro discurso no sea plano y se presente de forma más amena y atractiva.

6) Respirar nos lleva a estados (Alpha[1], sobre todo) donde científicamente se ha demostrado que somos más creativos, donde confiamos más en nosotros mismos y donde nos sentimos más unidos a los demás.

7) Respirar oxigena el cerebro. Nuestro cerebro necesita el 40% del aire que respiramos, a pesar de no tener un peso muy superior a dos kilos y medio. Y nuestro cerebro es el ordenador con el que procesamos nuestro mundo, así que alimentarlo correctamente debe ser algo a tener muy en cuenta.

Podría dar un sinfín de razones más por las cuales debemos conocer mejor el uso de la respiración consciente y la vocalización. Al igual que en el apartado del lenguaje corporal, mi recomendación sería que buscases y leyeses algún manual más amplio sobre este tema y que practiques los ejercicios que correspondan. Créeme si te digo que dominando la respiración, dominarás el 90% del arte de hablar en público. ¡Es un punto tan importante que no debes dejar de informarte más sobre él!

---

[1] Podríamos decir, de manera muy informal, que el cerebro también late, al igual que el corazón. A estos latidos los llamamos ciclos. Según la intensidad que tengan estos ciclos o "latidos" los denominaremos Beta, Alpha, Theta y Delta, siendo Beta los ciclos en los que el sujeto se encuentra despierto y activo y Delta cuando estamos profundamente dormidos. Cuando nuestro cerebro "late" a ciclos más bajos de Beta, es mucho más receptivo a los cambios de creencias que le podamos proponer, ya que la mente consciente está ligeramente "adormecida" y no será tan reticente a los cambios que puedan producirse.

Por esa razón será determinante para los cambios de patrones de conducta que queremos establecer que utilicemos los estados Alpha y Theta para reprogramar creencias, sentimientos adquiridos y comportamientos. Antes de irnos a dormir y por la mañana, nada más despertarnos, estamos de forma natural dentro de los estados Alpha y Tetha.

CONCEPTOS PARA RECORDAR:

✓ Respirar es el elemento esencial para dominar los aspectos más importantes, de forma directa o indirecta, del discurso, así que es imprescindible respirar correctamente durante todo el tiempo que dure la locución.

APRENDE A PROYECTAR TU VOZ, PRONUNCIAR Y VOCALIZAR

Para proyectar correctamente la voz debemos:

1) Respirar diafragmáticamente (o abdominalmente). Lo que quiere decir que debemos llenar de aire toda nuestra capacidad pulmonar, incluso la zona baja de los pulmones, moviendo toda la parte diafragmática, que está situada justo debajo de los pulmones, a la altura del abdomen. Un truco para aprender a respirar así, es ponerse de pie, situar tu mano derecha en el abdomen (por tu estómago) y la mano izquierda a la altura de los dos pechos. Respira profundamente y haz que el aire llene la parte de tu mano derecha, haciendo que ésta se mueva mucho más que tu mano izquierda.

Nota: respirar de esta manera también hará que nos relajemos y que eliminemos tensiones que serían un grave impedimento para nuestra voz y salud, así como para hablar correctamente.

2) Ejercitar la vibración vocal. Haz que resuenen las palabras en tu cabeza, fosas nasales, labios y garganta, sin forzar lo más mínimo. Practica con la palabra "AUUM". Di esa palabra y al final cierra los labios. Nota cómo resuena la palabra dentro de ti. De esta manera harás que las palabras cobren fuerza antes de salir y calentarás tus cuerdas vocales.

Practica este ejercicio tantas veces como sea necesario, pero siempre sin forzar y descansando cuando que te notes sobrecargado.

3) Envía tu voz más allá del lugar donde te encuentres. Las palabras son vibraciones, ondas en movimiento, que debes enviar a larga distancia para que así lleguen, sin esfuerzo, a todo tu auditorio. Es muy importante tener una voz rotunda, que no titubee, que tenga fuerza y que llegue con fuerza.

Si has respirado diafragmáticamente, podrás utilizar la potencia del abdomen para sacar el aire con más fuerza y de esta manera hacer que las vibraciones de tus palabras lleguen más lejos. Debes buscar un lugar ficticio en el horizonte donde enviar esas palabras, que estará situado ligeramente más allá del último de tus oyentes. ¡Hasta mi abuela, que está medio sorda, debe oírte y entenderte!

4) Proyectar no es gritar. Proyectar no es forzar la voz ni tu garganta; es crear más resonancia en tus palabras (utilizando los espacios de resonancia de la cara —resonadores frontales, maxilares y esfenoidal—), y hacer que sus ondas lleguen más lejos inteligentemente, usando la fuerza de nuestra respiración y el abdomen (y el resto del cuerpo, desde la planta de los pies). Con la práctica fortalecerás la zona diafragmática y ella te ayudará en esta labor sin el menor esfuerzo.

5) Modular bien la boca. Hacer que las palabras surjan bien masticadas, no dejando la boca a medio abrir, sino abriéndola en su justa medida. Pronunciándolas todas y cada una de ellas con un cuidado especial, vocalizando perfectamente, con mimo.

Para ejercitar esto, te recomiendo que te pongas un lápiz cruzado en la boca, y que intentes hablar así. ¡E intentar que se te entienda! Verás que tendrás que forzar la vocalización. Si haces esto a menudo, cuando no tengas el lápiz entre los labios también forzarás una vocalización correcta.

Esto son unos simples consejos, como en los casos anteriores te recomiendo que sigas informándote al respecto, es un tema lo suficientemente determinante en tu profesión como para que le dediques el mayor de tus esfuerzos.

CONCEPTOS PARA RECORDAR:

- ✓ Si no nos escuchan, nuestro discurso no llegará.
- ✓ Si no nos entienden, nuestro discurso no tendrá ningún sentido.
- ✓ Tu voz es tu mayor herramienta, cuídala, mímala, haz que surja clara, limpia, fuerte y rotunda.

POTENCIA TU CREATIVIDAD CON EL STORYTELLING. PENSAR RÁPIDO ES UNA DE LAS CLAVES MÁS IMPORTANTES

Como hemos comentado al principio, los seres humanos estamos deseando escuchar historias, dejarnos llevar por las aventuras y andanzas de otros, con el fin de experimentar las emociones que ellos vivieron y con ello aprender de la experiencia, y así poder utilizarlo en nuestra propia vida personal. Con ese fin leemos novelas, biografías o vemos películas, series o documentales: para aprender. Puede que tú pienses que lo haces porque te relaja, pero lo cierto es que el objetivo final, e inconsciente, es aprovechar las vivencias de otros para mejorar las nuestras.

Por eso es tan necesario que nosotros, como oradores, tengamos la capacidad de incorporar historias dentro de nuestro discurso de forma natural, no impostada, hilándolas con el tema que estemos desarrollando. Porque de esta manera estaremos apelando y seduciendo a la parte inconsciente del oyente a la vez que lo hacemos a su parte más consciente y racional. Y con ello tendremos la oportunidad de convencer en todos los sentidos.

Aquí el ejercicio que deberás hacer es:

1) Elegir un tema del cual quieres hablar.

2) Elegir una historia personal (tuya, de otra persona o inventada) la cual hilarás, en un momento dado, con el tema que estás desarrollando.

3) Sitúate delante del espejo y empieza a desarrollar el tema.

4) Cuando lo creas conveniente, introduce la historia, de forma "improvisada", como si fuese una anécdota para explicar y dar a entender mejor el tema de desarrollo. Podrías decir algo así como: "A propósito de esto, os voy a contar una historia que tiene mucho que ver...", "Me acaba de venir a la mente un hecho que hará que entendáis todo esto mucho mejor...", etc.

5) Vuelve al tema principal. Puedes utilizar expresiones del tipo: "Es por eso que...", "Ahora entenderéis mejor por qué os decía que...", etc.

6) Repite el ejercicio distintas veces, con el mismo grupo de tema e historia, pero cambiando la forma de insertar la historia. Juega. Diviértete. Esto no es una fórmula matemática, debes adaptar el juego a ti, a tu ritmo y al sentimiento que quieras imprimir. Además, ten en cuenta que cuando tengas a personas delante, este juego adquiere todavía más posibilidades de moverse de un lado a otro en cuestión de segundos. Lo importante es que aprendas a convivir con ello, que te muestres seguro y tranquilo con el hecho de que comunicar siempre implica tener un receptor y un contexto, lo cual puede hacer que tengas que variar constantemente las formas para adecuar la transmisión del mensaje de forma efectiva. ¡Disfruta! Ése es mi consejo.

7) Repite el ejercicio con distintos temas e historias, hasta que te sientas tan cómodo que podrías hilar cualquier historia con cualquier tema en cuestión de segundos. La velocidad de creatividad se adquiere con el uso, así que no dejes de trabajar en ello, es la base para poder comunicar correctamente cualquier mensaje que quieras que tus oyentes asimilen.

CONCEPTOS PARA RECORDAR:

✓ Debemos apelar a las dos partes del oyente: la parte consciente (la más racional) y la inconsciente (la que determina quiénes somos, dónde se ubican nuestras pautas de comportamiento y dónde se graban todos los elementos de conducta, y cómo pensamos y sentimos).

✓ Tener un gran nivel de creatividad al hablar será la base para que puedas desarrollar cualquier tema que te prepares. Por eso debes prepararte en este sentido de forma muy especial.

APRENDE A APELAR A LOS DOS LADOS DEL CEREBRO DEL OYENTE

Como he comentado en el apartado anterior, y en algún otro, debemos apelar a los dos lados del cerebro de un oyente para que nuestra comunicación sea realmente efectiva. Has de tener en cuenta que muchas veces (en las ventas, en los mítines, en los parlamentos, en los juzgados, e incluso en las relaciones de pareja, como en tantas otras cosas) la gente no creerá racionalmente (conscientemente) en nosotros. O al menos tendrá dudas sobre lo que le decimos. Por eso es tan importante que saltemos a ese "guardián del reino" que es el consciente y que grabemos ideas y conceptos directamente en el subconsciente de nuestro auditorio. Sin ir más lejos es lo que hace la publicidad.

¿No te ha pasado alguna vez que de tanto ver un anuncio te apetece probar esa colonia, comprar ese coche o irte de vacaciones a una playa paradisiaca? Es normal. Muy posiblemente tu parte consciente diría: "La colonia que uso ya está muy bien, para qué quiero otra". Mientras que a tu parte inconsciente le han grabado el siguiente mensaje: "Sí, ya sé que tienes otra colonia, pero con ésta otra te convertirás en un imán para las personas del sexo opuesto; si la compras, se acabaron tus días de soledad y tristeza". Y dime, ¿qué harás? ¿Compararás la colonia nueva o seguirás con la antigua con la sensación interna de que te estás perdiendo algo que te hará realmente feliz?

La respuesta es obvia, ¿no? Sobre todo porque quien manda en nosotros, en definitiva, es nuestra mente subconsciente.

Puede parecer muy extraño todo esto, pero es la verdad. Hoy en día, gracias a las neurociencias ya sabemos en un alto grado cómo funciona nuestro cerebro y por qué nos comportamos como nos comportamos.

¿Y cómo apelaremos al subconsciente? La mejor manera es a través de historias, porque con ellas disfrazamos el mensaje. También con las emociones de alto impacto, que se quedan grabadas directamente en nuestra red neuronal, con el lenguaje corporal, con mensajes subliminales, etc. Más adelante te explicaré algunos trucos más.

CONCEPTOS PARA RECORDAR:

✓ Convence al oyente con datos racionales y mensajes, señales y símbolos inconscientes para que quede completamente seducido por lo que dices.

✓ Si solo trabajas la parte consciente (los datos y el tema contrastable) puede pasar que tu mensaje no perdure o que acabe generando dudas. Aunque también podría resultar optimo, lo mejor es ganarse al oyente con todas las armas posibles y asegurar la vigencia del mensaje por todos los medios.

APRENDE A EMOCIONAR Y RECORDARÁN

Ya hemos dicho que al añadir carga emocional a los conceptos, nuestro cerebro los recuerda mejor. Nuestro fin como oradores es transformar a nuestros oyentes, y, a ser posible, que ese cambio perdure en el tiempo. Para conseguir eso lo que debemos hacer es colocar al auditorio con una carga emocional muy alta, con la idea de que ese discurso les resulte memorable.

Todavía hoy se habla sobre el discurso más que memorable de Steve Jobs a los graduados de la Universidad de Stanford, en EE.UU., el 12 de junio del 2005. ¿Por qué se recuerda? ¿Por qué ha pasado a la historia? Yo te lo diré: porque sus ideas (mensaje) estaban cargadas de un altísimo nivel emocional. El señor Jobs consiguió lo que en el mundo del cine se conoce como "una comunidad de emociones", que es cuando un grupo de personas que ven o escuchan un discurso o película acaban por sentir "como uno solo". Todos sienten las mismas emociones, porque el orador o la película ha conseguido cargarlos de ese sentimiento. Otro ejemplo claro es ver una película romántica o triste con decenas y decenas de personas influenciables. Por mucho que tú no quieras, es imposible que no te emociones, porque lo que siente la comunidad te arrastra y te obliga a sentir lo mismo. ¡A mí me pasó viendo "Titanic", y no soy nada influenciable!

Pues eso es lo que debes conseguir: influenciar hasta al menos influenciable de la sala. ¿Y cómo harás eso? Creando "una comunidad de emociones" que los arrastre a todos. ¿Y cómo harás eso?

1) Has de sentir tú mismo esa altísima carga emocional, para que ellos al observarte se sientan identificados, vean e imaginen, y pongan a sus neuronas espejo a trabajar para que les haga sentir lo que tú sientes.

2) Debes aprender a "leer" a tu audiencia y detectar las personas que parecen estar más en consonancia con lo que tú dices y sientes. Te debes apoyar en ellos; míralos a los ojos, dirígete a ellos, gana más su confianza, "trabájatelos". A esos irás sumando otros y, poco a poco, se irá formando la comunidad y arrastrando a los demás. No debes hablar de forma vaga "para todo el mundo", ve tratando de engatusar a unos pocos y después sigue con el resto. Al final estarás hablando para todos, pero con un potencial altísimo. Habrás creado un clima adecuado para conquistar y convencer a las masas.

CONCEPTOS PARA RECORDAR:

- ✓ Tus discursos han de ser memorables. Al menos has de trabajar para que lo sean, porque tu función es transformar vidas y que esos cambios perduren el tiempo necesario.

- ✓ La carga emocional hace que recordemos las cosas, por eso imprimirás carga emocional "estudiada" a tus ponencias.

APRENDE A SORPRENDER

¿A que es verdad que recuerdas de forma especial cuándo te han sorprendido? Quizá con aquella fiesta de cumpleaños, con aquel viaje inesperado, con aquel regalo, con el anuncio de la llegada de un nuevo bebé a la familia, etc. ¡Claro que sí! Tendemos a recordar esas cosas porque le añadimos una carga emocional extra y, por lo tanto, enraizamos más la red neuronal donde guardamos la información en concreto.

Por eso debes intentar sorprender a tu público; haz que vibren de forma especial y recuerden por más tiempo ese momento, esa charla, ese rato contigo. Aunque es solo un truco, es un truco que te vendrá muy bien en muchas ocasiones.

Una broma, una historia inesperada, un apartado que no adivinen... lo que sea. Lo importante es añadir un elemento sorpresa dentro del discurso. Antes, durante o después de él.

Además, añadiendo el toque sorpresivo harás que la gente se relaje, empatice más contigo, se sienta más predispuesta y el discurso se desarrolle de forma más amena y divertida. ¡Cualquier cosa puede pasar!

CONCEPTOS PARA RECORDAR:

✓ Lo que sorprende se recuerda, porque se sale de la norma, de lo establecido.

✓ No es algo que debas hacer siempre, pero siempre que lo hagas, te funcionará.

APRENDE A DOMINAR TUS EMOCIONES

La mente subconsciente es la que contiene todos los programas, creencias, hábitos y conductas que nos definen como persona y hacen que sintamos lo que sentimos ante determinados estímulos. Pero, aunque pueda parecer lo contrario, no es tan fácil entrar y cambiar estos programas. En realidad es bastante difícil, no variamos nuestra forma de pensar por otra en un santiamén. Precisamente, los cambios a veces nos resultan tan complicados porque no sabemos cómo cambiar los programas y creencias que imperan en el subconsciente. Todo ello es debido a que la mente consciente es la que "defiende" que no se produzcan los cambios. Es el defensor del reino. Es el que si yo te digo "Tírate de un puente", razona y dice "No eso no puede ser, si me tiro, me mataré".

Cuando estamos en alpha o en theta (en ciclos de frecuencia cerebral más bajos que beta, que sería el ciclo cerebral cuando estamos más despiertos), nuestra parte consciente está ligeramente aletargada, con lo cual es más fácil que lo que le digamos reprograme nuestra mente subconsciente. Por la noche o por la mañana estamos aletargados de forma natural y por eso nuestro cerebro está más abierto a las reprogramaciones que deseemos hacer. Dicho todo esto, la única manera de dominar nuestras emociones es controlar, en cierta medida nuestra mente subconsciente y decidir qué programas o patrones de conducta son lo que nos convienen. Yo puedo cambiar mi estado de tristeza por uno que me empodere más y me dé más fuerza para dominar a mi audiencia, como el de alegría o pasión. Para conseguirlo puedo utilizar varias técnicas, pero lo principal siempre será relajar mi cuerpo y mi mente a un estado alpha. Una vez llegados a este estado, podremos visualizar el estado que queremos tener para que nuestras neuronas espejo nos acerquen a él, encendiendo y activando las redes neuronales necesarias. Otro truco eficaz consiste en utilizar las afirmaciones positivas, ya que su repetición hace que se grabe su mensaje en nuestra mente subconsciente, salvando la vigilancia de la mente consciente.

Repasemos:

a) Respiración y relajación mental y corporal

La respiración consciente, profunda y lenta, produce relajación mental y física. Si además le añadimos que nos concentremos en alguna cosa (ver un punto ligeramente superior a la altura de los ojos, imaginar una nube blanca, contar números en retroceso, etc), esta relajación se hace más y más profunda y efectiva.

El objetivo es bajar las ondas cerebrales, que vendrían a ser los "latidos" del cerebro. Relajarlo y conseguir que baje la frecuencia de estos "latidos" a un nivel entre 7 y 14 Hz, que es cuando estaríamos en alpha. En ese momento seremos más receptivos a los cambios de reprogramación de ideas y conceptos preconcebidos en nuestra mente. Ahí es donde podremos cambiar nuestro estado de ánimo y emociones.

b) La visualización creativa

Visualizar significa "ver" en nuestra pantalla mental algo.

- ¿Puedes imaginarte en este momento tu habitación?
- ¿Puedes imaginar tu cama, tu mesita de noche y las paredes con todo lujo de detalles?

- ¿Puedes ver, ahora, en una de las paredes, la que más te guste, cómo aparece, como por arte de magia, una foto de la persona que más quieres en este mundo?

- ¿Puedes sentir ese amor? ¿Puedes hacerlo más y más intenso?

- ¿Puedes imaginar que esa persona sale de la foto y se convierte en realidad?

- ¿Puedes imaginar que se acerca a ti, que estás de pie delante de la foto, y que te abraza con mucha delicadeza y amor?

- ¿Puedes sentir ese amor?

Muy posiblemente hayas conseguido ver todo lo que te he ido proponiendo; también es posible que hayas conseguido sentir esa emoción de amor que he intentado que imagines, y, por lo tanto, estoy seguro de que ahora sientes más amor en tu cuerpo y en tus pensamientos. Como venimos diciendo desde el principio, cuando vemos o imaginamos, nuestras neuronas espejo nos hacen transformarnos en lo que vemos o imaginamos. ¡Y esa es la manera de conseguir la emoción que queramos en el momento que la queramos! Tan solo tienes que elegir qué emoción necesitas y ver e imaginar algo que te provoque esa sensación, mantenerla durante un tiempo y dejar que penetre dentro de tu subconsciente y de tu cuerpo. Es un truco infalible para realizar antes, durante y después del discurso. Siempre funciona, no hay cabida para el error. Tan solo tienes que practicar lo suficiente para dominar el arte de ver en tu pantalla mental sin que otros pensamientos se crucen e interrumpan tu labor. Se consigue con práctica y más práctica.

Ten en cuenta que nuestro cerebro "habla" con imágenes que asocia a palabras y emociones. El problema radica en que la mayoría de las cosas que pensamos a lo largo del día tienen una tendencia negativa. Por lo tanto, a lo largo de una jornada nuestro cerebro se ve inundado por imágenes de corte negativo, lo cual nos conforma, en cierta medida, un carácter que tiende a su vez al pesimismo.

Para cambiar este aspecto es fundamental que hagamos ejercicio de conciencia, intentemos eliminar, anular o contrarrestar todas las imágenes negativas que nos vengan a la mente. Un ejercicio que resulta muy efectivo para realizar esta última acción es elegir una imagen positiva sobre algo que deseemos en nuestra vida, después visualizarla en nuestra pantalla mental con todo lujo de detalles, el máximo de tiempo posible. Debemos recrearnos en la imagen y en la sensación que nos produce. Es bueno realizar este ejercicio varias veces al día, al menos tres minutos. Haciendo esto, esta imagen quedará grabada en nuestra mente y poco a poco irá trabajando en silencio para atraer a nuestra vida aquello que deseamos.

Imagina lo que quieres sentir y lo sentirás. El cerebro no entiende si algo es real o imaginario, si lo ve en su pantalla se comporta como si fuese real.

c) Las afirmaciones positivas

Como dice Louise Hay, la mayor experta mundial sobre el tema, las afirmaciones son como semillas que plantamos en nuestro interior que nos ayudarán a convertir nuestro mundo interior en aquello que queremos ver fuera de él. Son pequeños mantras que nos repetiremos una y otra vez para dejar claras unas ideas dentro de nosotros mismos. Está demostrado que el simple hecho de hacer esto, cala en nuestro ser y nos transforma. ¡Y es tan sencillo de utilizar que parece mentira que sea cierto! Utilizaremos las afirmaciones para reprogramar la mente subconsciente. Las afirmaciones son pensamientos positivos orientados a una determinada meta que incrustamos en nuestra mente a base de repetición o de gran carga emocional. O de ambos a la vez.

Lo único que deberías hacer es:

1) Elegir las frases positivas que te ayudarán a ser la persona que quieres ser, el tipo de orador que pretendes ser. También las puedes utilizar para generar confianza ante un acto en particular.

2) Repetirlas a diario, cuantas más veces, mejor. Sobre todo en los momentos antes de salir a dar tu discurso o durante el mismo (mentalmente) si te asaltan las dudas o los temores.

Pero, ¿cómo crear las afirmaciones adecuadas?

Las afirmaciones tienen que estar formuladas en primera persona del singular.

"Yo soy un/a orador/a extraordinario/a".

Nunca "Tú eres un/a orador/a extraordinario/a".

3) Las afirmaciones tienen que estar formuladas en presente. Si tú le dices a tu mente subconsciente "Yo seré un gran líder que dirigirá la vida de miles de personas" entenderá que quieres que eso ocurra en el futuro, no ahora. Pero, ¿cuándo llega el futuro si mañana sigues diciéndote lo mismo? Las afirmaciones en presente, que es lo que vives aquí y ahora.

4) Las afirmaciones siempre en positivo. El subconsciente no entiende de bueno o malo, o de si algo es negativo o positivo, no entiende los "noes". Si tú le dices "No quiero que la gente se ría de mí cuando hablo", obviará el "no", lo tachará, o no lo verá, y se quedará con lo importante: que quieres que la gente se ría de ti cuando hablas. Así que la afirmación provocará todo lo contrario de lo que tú pretendes, el subconsciente te ayudará a que la gente se ría de ti.

Lo mejor es que tú mismo/a crees las afirmaciones que más te gusten y que vayas probando el resultado que van teniendo con su uso. De todas maneras, yo te dejo algunas que te podrían servir dentro de tu proceso de hablar en público:

- Yo hablo con seguridad y sencillez
- Yo soy un orador extraordinario que mejora todos y cada uno de los días en el arte de hablar en público
- A la gente le encanta cómo hablo y cómo explico las cosas
- Yo soy ameno, divertido y convincente al hablar
- Todo el mundo queda seducido por mis palabras
- Yo cambio en positivo la vida de las personas con mis discursos públicos

En fin, hay cientos de miles de combinaciones que puedes hacer. Lo importante es que repitas las afirmaciones que elijas a diario, todo el tiempo que puedas. Verás como de esta manera, tus creencias van cambiando y con ellas cambia tu realidad y tu cuerpo.

¡Ánimo y adelante!

CONCEPTOS PARA RECORDAR:

- ✓ Si dominas tus emociones, dominarás las emociones que quieres que sientan tus oyentes.

- ✓ La única manera de controlar tus emociones es adentrándote en tu mente subconsciente y cambiando lo que quieres sentir a tu antojo, independientemente de la realidad que estés viviendo, ya que con tu imaginación, tu cerebro verá y sentirá lo que tú desees ver y sentir.

- ✓ La respiración es el arma para la relajación; la relajación es el estado necesario para acceder a tu mente subconsciente; y la visualización y las afirmaciones positivas son las dos herramientas más útiles para realizar los cambios en tus patrones de conducta y en tus sentimientos actuales.

CREE EN TI MISMO Y CREERÁN EN TI

Lo que transmites es lo que la gente cree. Ni más ni menos. Si la gente cree de ti que eres una persona insegura, tímida o torpe, es porque es eso lo que transmites. ¡Cambia eso! Decide lo que quieres que ellos vean en ti y créalo dentro de ti, en tu mente subconsciente. Después deja que se transmita al universo entero.

Como orador, la cualidad más imprescindible de todas es la de creer en ti mismo, pues si no lo haces, nadie creerá en ti. Por eso, más allá de que crees decenas de otras cualidades que desees tener, la primera a trabajar es esta: CREE EN TI.

CONCEPTOS PARA RECORDAR:

- ✓ Si tú crees en ti todo lo demás llegará, solo es cuestión de tiempo.

SEGUNDA PARTE:

LO QUE DEBES SABER Y HACER ANTES DE HABLAR EN PÚBLICO

TRABAJA TU DISCURSO: EL BRAINSTORMING

Bien, ya hemos terminado la parte previa, los aspectos imprescindibles para convertirte en orador adaptado a las circunstancias del trabajo que tú desees. Ahora nos toca trabajar los aspectos enfocados a un discurso en concreto.

Ten en cuenta que las probabilidades de éxito de ese discurso pasan por prepararlo de antemano. Cualquier orador profesional sabe que no hay mayor ventaja que saber cómo irán las cosas antes de que ocurran. Para ello deberás pensar cómo crees tú que deberían ser y diseñar un plan para conseguir que así sean. ¡Es tu mapa del tesoro! Así que no dejes de hacerlo.

Lo primero que deberías hacer es sentarte en un lugar tranquilo, respirar profundamente para oxigenar adecuadamente tu cerebro y poder entrar en un estado semi-alpha donde las ideas fluyan de una manera dinámica y natural, y realizar un brainstorming, o lo que es lo mismo, una lluvia de ideas.

Un brainstorming es una técnica para potenciar tu creatividad y dejar que las ideas fluyan sin que hagas un primer análisis donde las juzgues. Este es el punto principal: no juzgar nada en ese momento. Siéntate, con bolígrafos, rotuladores, papeles, etc, y si quieres y lo necesitas con libros o diccionarios, y apunta todo aquello que te venga a la cabeza referente al tema que quieres desarrollar. Puedes apuntar: conceptos, estructuras, elementos sueltos, historias que te puedan servir, materiales que puedes utilizar, partes del diseño, el enfoque, el método... en fin, cualquier cosa que pueda estar relacionada y sea potencialmente utilizable a la hora de tu discurso. ¡Pero no pienses! Solo deja que te vengan a la cabeza y apunta en esta fase. Sé como un niño, tira del hilo de cada una de las partes y mira a ver qué sale de bueno ahí. Es como desenterrar un regalo que lleva siglos enterrado; al principio solo ves una pequeña parte, pero si sigues escarbando conseguirás ver el regalo entero. De eso se trata la lluvia de ideas, de dejarte te llevar. Según mi experiencia es la mejor manera para conseguir un esqueleto global de lo que vas a decir y hacer en el discurso. ¡Y cuántas más ideas surjan, mejor! Ya habrá tiempo de eliminar todas aquellas que no nos sirvan en el siguiente punto.

CONCEPTOS PARA RECORDAR:

- ✓ Diviértete jugando a desenterrar la verdad última, que es descubrir qué tienes que aportar tú y qué tienes que decir acerca del tema que te ocupa.

- ✓ No juzgues nunca, durante esta fase, apunta todo lo que te venga. No deseches opciones porque te parezcan malas ideas, porque eso significará que ya estás juzgando.

CREA Y APRÉNDETE EL ESQUEMA A SEGUIR

Una vez tenemos todas las ideas en bruto, empezaremos a eliminar las que no nos sirvan. Idearemos un esquema a seguir, una secuencia de acontecimientos para que nuestro mensaje llegue correctamente. Si, por ejemplo, vamos a dar una charla sobre cómo escribir una novela, por decir algo, no empezaremos hablando de cómo maquetarla y enviarla a una posible editorial para su publicación. Creo que seria más coherente pensar cuál es el mensaje final con el que quiero que se queden los asistentes. Pongamos que elijo que quiero que recuerden que "cualquier persona puede llegar a escribir una novela, tenga talento o no inicialmente, siempre y cuando sea disciplinada y aprenda las herramientas imprescindibles del escritor". Una vez elegido este mensaje dividiría la charla en, por ejemplo:

Parte 1) ¿Por qué quieres escribir? Aprende a encontrar el sentido a tu profesión y averigua de qué madera estás hecho.

Parte 2) ¿Qué historia quieres contar? Aprende a contar cualquier historia desde tu punto de vista. La voz literaria.

Parte 3) ¿Cómo te gustaría contar esa historia? Herramientas imprescindibles del escritor.

Parte 4) ¿Qué te gusta leer? La lectura como guía en este viaje iniciático.

Parte 5) ¿Te atreverías a escribir una novela en tiempo récord? Los retos como fuerzas de palanca.

Parte 6) ¿Tienes el tiempo suficiente para creer en ti y trabajar cada día en algo en lo que crees? El plan de acción, la disciplina y el trabajo diario. Empezamos el reto.

Parte 7) ¿Eres capaz de leer lo que has escrito desde los ojos de otra persona? Las correcciones infinitas y las infinitas correcciones. El arte de reinventar y acabar de pulir tu obra maestra. El paso final.

Naturalmente que esto es una simple invención de un momento (brainstorming + análisis), pero seguro que ya podrás ver el esquema base de lo que podría ser mi charla. Y digo base porque esto solo sería el principio. A partir de ello deberíamos ir engordando nuestro esquema más y más, hasta que algo dentro de nosotros diga que ya está finiquitado, que ya es lo suficientemente redondo como para arrancar con el nuestro discurso.

¿Cómo lo engordaremos? Añadiendo decenas de cosas que nos habrán surgido en la etapa de la lluvia de ideas o en la parte más analítica. A saber: historias para apelar al subconsciente colectivo, momentos emotivos, diapositivas, sorpresas, películas, esquemas, canciones, rupturas de patrón, cambios de espacios, mensajes subliminales, actitudes, etc., etc., etc. Incluiremos todo aquello que nos permita que el mensaje llegue mejor.

Una vez completado el esquema, debemos aprendérnoslo. Siempre lo podrás tener a mano, en una hoja impresa, pero lo importante es que tú, mentalmente, tengas clara (muy clara) la secuencia a seguir en tu discurso. No es aprender de memoria, pero sí tener una idea mental bastante exacta de los pasos a seguir para que tu discurso llegue a buen puerto.

CONCEPTOS PARA RECORDAR:

- ✓ Ordena las ideas del brainstorming en un esquema útil y práctico que te sirva de orientación, para seguir el hilo de tu discurso.

- ✓ Añade en el esquema todos los puntos que tendrán lugar en la charla, por muy triviales que te parezcan. Es tu mapa del tesoro, así que cuanto más detallado esté, mejor.

- ✓ Apréndete el esquema, para tener una idea clara en tu cabeza de la secuencia que tendrá tu discurso. Esto nos vale tanto para charlas de 15 minutos como para un curso de varios días.

ENSAYA MENTALMENTE: VISUALIZA EL RESULTADO

Para eliminar miedos y corregir errores antes de que estos ocurran (o sea, para estar preparado antes de tiempo), debes visualizar tu discurso antes de realizarlo. Eso hará que crees redes neuronales que se pondrán en funcionamiento cuando las necesites a lo largo del tiempo que estés hablando. Te ayudará a ganar en seguridad, porque cuando llegue el momento instintivamente pensarás "esto ya lo he vivido". Y será así. Tu cerebro ya habrá vivido esa experiencia previamente.

Visualiza todos los pormenores, incluso aquellos que aparecerán como si fuesen producto del momento, aquellos que parezcan improvisados, y en verdad no lo sean, porque ya los tenías preparados de antemano. Te hará ganar en espontaneidad, y eso derivará en confianza.

Repasa mentalmente una y otra vez todas las partes de tu discurso, hasta que lo tengas dominado. Ensaya movimientos, expresiones, lenguaje corporal, modulación de la voz, intercalación con tu público, e incluso, reserva algo de tiempo para entrenar diferentes salidas a posibles inconvenientes o elementos inesperados.

Todo este trabajo tendrá sus frutos, te lo aseguro. Aunque es verdad que, con el paso de los años y el aumento de la experiencia, tiendas a ensayar menos, porque ya tendrás un poso que te ayudará a salir airoso de casi cualquier situación. El orador se hace mediante el trabajo previo y la práctica. Y es evidente que, cuanta más práctica, mejor se volverá uno en el arte de hablar en público.

CONCEPTOS PARA RECORDAR:

- ✓ Los ensayos son el anticipo de lo que te encontrarás en la situación real, cuanto más preparado estés, más opciones tendrás de realizar tu cometido final correctamente.

✓ Ensaya hasta los detalles más pequeños, te ayudarán a ganar en confianza y saber estar.

TRABAJA EN PROFUNDIDAD LA INTRODUCCIÓN PARA GANARTE AL PÚBLICO DESDE EL PRIMER MOMENTO

Dicen que la primera impresión es la que cuenta. Yo creo que uno puede transformar una primera impresión negativa en positiva, pero lo que sí que es cierto es que si empezamos con buen pie, las cosas irán más rodadas. Por eso te recomiendo que trabajes con más cariño y cuidado la parte de la introducción. Es decir, tu primer contacto con tu auditorio, con el fin de conseguir empatizar con él lo antes posible y ganarte su confianza.

Trabaja en tu esquema y después en tu ensayo mental, la introducción, con mucha más atención que cualquier otra parte. No te dispongas a empezar un discurso si no estás seguro de que todo saldrá bien, debes sentirlo en todo tu cuerpo y pensar que será así.

CONCEPTOS PARA RECORDAR:

✓ La primera impresión es muy significativa, así que procura que sea positiva, para que todo fluya correctamente y no tengas que nadar contra corriente.

TERCERA PARTE:

LO QUE DEBES SABER Y HACER
DURANTE EL DISCURSO

JUSTO ANTES DE EMPEZAR, PREPÁRATE EMOCIONALMENTE

Ya estamos en la parte del discurso, propiamente dicho. Ahora vamos a poner en marcha la maquinaria que hemos creado a lo largo del tiempo, bien formándonos como oradores, bien preparándonos el discurso que vamos a dar. Si has dado correctamente los pasos previos, te aseguro que esta parte fluirá sin problema alguno, lo cual no quiere decir que no te puedan surgir inconvenientes (más que nada porque siempre los hay), sino que tendrás las herramientas y el poso necesario para encauzar y redirigir cualquier movimiento inesperado.

Como ya sabes, lo primero que debemos hacer antes de empezar es conseguir en nosotros mismos las emociones que necesitamos transmitir al oyente. ¡Nunca empieces ningún discurso sin estar emocionalmente preparado, por muy pequeño que sea! Piensa que tu reto es perseguir la excelencia, lo cual quiere decir que debes dar lo mejor de ti siempre y superarte cada día.

Para conseguir la emoción o emociones que necesites, debes:

1) Saber qué emociones precisas.

y **2)** Reproducirlas en ti mediante la relajación, visualización y las afirmaciones positivas.

A mí me encanta saltar antes de una charla o discurso, me hace vibrar y me conecta con el torrente de energía que necesito. Pero tú prueba y haz los ejercicios que mejor te vengan para conseguir el estado óptimo para empezar.

CONCEPTOS PARA RECORDAR:

✓ Arranca siempre el discurso con la potencia emocional que necesites; no esperes a que llegue, ve en su busca.

✓ Busca y prueba ejercicios físicos que te puedan ayudar a desarrollar el nivel de energía que necesitas.

RELÁJATE Y DISFRUTA DESDE EL MINUTO UNO

Una vez que tienes el nivel de energía adecuado, relájate, todo saldrá bien. SEGURO. Nunca falla. A partir de este momento céntrate en disfrutar al máximo cada segundo. Si tú disfrutas, tu audiencia lo notará y eso les animará a relajarse y disfrutar de igual manera.

CONCEPTOS PARA RECORDAR:

✓ ¡DISFRUTA!

USA EL HUMOR PARA ROMPER EL HIELO Y PARA EMPATIZAR

A todos nos encanta reír, incluso a los más tímidos e introspectivos. Y te puedo decir que no hay mejor manera de ganarse a tu público desde el primer segundo que hacerles reír. Riendo segregarán endorfinas, la llamada hormona de la felicidad, lo cual les llevará a estar más relajados, alegres y predispuestos a lo que le tengas que decir.

Aunque podamos usar el humor de forma espontánea, ya sabes que todo tiene que estar medido, y que deberías tener preparadas (muy estudiado y pensado) todo tipo de bromas u ocurrencias que vayas a hacer. Trabájalas y deja que surjan de forma aparentemente espontánea.

CONCEPTOS PARA RECORDAR:

✓ El humor te acercará al público, romperá las barreras que hay entre ambos. A ti no te interesan esas barreras (salvo en ocasiones puntuales en las distintas profesiones en las que se pueda utilizar el habla). Debes intentar llegar al corazón de las personas y para eso la mejor forma es hablar de tú a tú, sin restricciones de por medio.

✓ Prepara siempre tus bromas, aunque eso no quiere decir que puedan surgir otras de forma espontánea que puedas utilizar y encauzar a tu discurso.

ARRANCA CON UN YES-SET

Éste es el gran secreto de los vendedores y los hipnotistas, el YES-SET, que consiste en hacer tres preguntas o mandar tres acciones al auditorio en las que siempre te contesten SÍ, o hagan la acción que les pides, lo que se considera un SÍ, ya que han obedecido tus órdenes.

Está demostrado científicamente que cuando una persona contesta afirmativamente, al menos en tres ocasiones, la cuarta es más propenso a decir SÍ que NO, independientemente de la pregunta en sí.

¿Qué quiere decir esto? Que si le pregunto a alguien ¿te gustaría ser realmente feliz? Obviamente esa persona contestará que SÍ; rara sería la que dijese que no. Ahí ya tendríamos la primera afirmación. Imagina que después le pregunto a esta persona, que se llama Mónica, si realmente se llama Mónica de verdad. Volverá a contestar que SÍ. Segunda afirmación. Pongamos que luego le pregunto si le gustaría vivir la vida de sus sueños. Suponemos que contestaría que SÍ. Tercera afirmación. Ya tendríamos nuestro YES-SET realizado. Normalmente las tres preguntas las realizas dentro del contexto de una conversación y de forma menos ortopédica, de lo que te he expuesto aquí, pero como ejemplo nos valdrá. El caso es que una vez que nos ha dicho que SÍ tres veces, esa persona estará más predispuesta a las sugestiones que nosotros le hagamos, pues su cerebro tenderá a decir SÍ de forma natural.

Los vendedores dirían "pues estás de enhorabuena, Mónica, porque yo tengo exactamente lo que te hará feliz desde hoy mismo y te llevará a vivir la vida de tus sueños y es...". A final sería más fácil que Mónica comprase lo que le quisiesen vender, porque ella estaría más predispuesta a ello. ¿Quién no conoce a alguien que haya comprado una enciclopedia que no necesitaba a un vendedor que apareció en su puerta? Ellos utilizan esta técnica y muchas otras más. Saben cómo pensamos y cómo funciona nuestro cerebro y lo utilizan para engatusarnos. Nosotros haremos lo mismo, pero buscando siempre un fin positivo y honesto.

Yo siempre empiezo mis conferencias, seminarios o cursos lanzando un YES-SET a la audiencia. Desde ese momento, sé que los tengo casi ganados, mucho más predispuestos a confiar en mí y dejarme explicar mis razones y porqués relacionados con el tema que ocupe.

CONCEPTOS PARA RECORDAR:

✓ Arranca siempre con un YES-SET tus discursos. Si son en conversaciones más pequeñas, ve introduciendo las preguntas o sugerencias dentro del orden de la conversación, sin que se note que está hecho aposta.

✓ Consigue siempre que tu audiencia diga al menos tres veces SÍ.

✓ Puedes meter más preguntas u órdenes a lo largo del discurso. Haz preguntas retóricas, preguntas que siempre tengan un alto porcentaje de ser contestadas con un SÍ. Eso nos ayudará a mantener el poder en la conversación, lo que denominamos "controlar el marco", que viene a decir que tú eres el que dirige la conversación y los demás siguen el ritmo y las pautas que tú marcas, algo importantísimo para conseguir nuestra misión, que no es otra que la de transformar a la audiencia.

✓ Una orden es igual a una pregunta. Si la cumplen, se considera un SÍ.

AVANZA LOS CONTENIDOS Y LO QUE VAN A APRENDER

Una vez que tenemos a nuestra audiencia sin barreras y en cierta medida con una predisposición a creernos, debemos avanzarles el contenido del discurso. O sea, tenemos que resumirles lo que encontrarán en tu disertación. Y no solo eso, puesto que ahora ya estarán más abiertos a nuestras sugestiones, les diremos lo que van a aprender ¡y cómo se van a sentir! De alguna manera ya le estamos sugestionando para que disfruten la charla de la manera que nosotros queremos que lo hagan.

Les podemos decir, por ejemplo, "explicaremos los 7 pasos de... y bla, bla, bla... y disfrutaréis mucho y os hará sentir felices de verdad... ¿Sabéis por qué? Porque vais a aprender a encauzar vuestra vida desde ese preciso instante, y conseguiréis diseñar y vivir la vida de vuestros sueños".

¿Qué hemos hecho aquí? Decirles lo que se van a encontrar en la charla, pero también les decimos cómo se sentirán y los beneficios posteriores que obtendrán. Les sugestionamos a pensar que eso ocurrirá y por lo tanto, piensan e imaginan. Es un primer paso en su aceptación.

Esto puedes aplicarlo a las ventas, al liderazgo, a la abogacía, a la política… a lo que sea…

CONCEPTOS PARA RECORDAR:

✓ Dales un esquema breve de lo que van a escuchar o ver.

✓ Sugestiona a tu audiencia desde el principio para que crea que van a aprender, disfrutar o lo que quieras que experimenten con tu discurso.

TRABÁJATE A DOS O TRES OYENTES QUE TE SIRVAN DE BASTÓN Y TE AYUDEN A REAFIRMAR EL MARCO

Como hemos comentado antes, a la hora de la verdad, es difícil ganarte un auditorio repleto de golpe. El truco está en apoyarte en dos o tres personas que desde el principio hayas observado que aceptan con facilidad tus sugestiones. Siempre hay en un grupo alguno de estos, como también hay de los que están radicalmente en contra de lo que tú dices y lo ves desde el primer momento. Lo que tienes que hacer es obviar a estos últimos y centrarte en los sugestionables. Trabájatelos. Dirígete a ellos con frecuencia, míralos a los ojos, afirma con tu rostro cuando vuestras miradas se crucen, dales la razón cuando sea pertinente, haz que se entusiasmen más y más con lo que le estás diciendo, etc. Por el simple hecho de hacerles caso, se pondrán más de tu parte. Cuando los tengas ganados del todo (lo notarás), trata de ganarte a otros dentro del público, y después a otros, y así hasta que se cree "una comunidad de emociones" donde todos parezcan reaccionar con los mismos sentimientos a los mismos estímulos. De esta manera garantizarás el éxito de tu discurso, con total seguridad.

CONCEPTOS PARA RECORDAR:

✓ Tu trabajo durante el discurso debe ser de pequeño a grande. Actúa en pequeñito para conseguir algo grande, que es dominar a toda la sala y conseguir "una comunidad de emociones", donde la audiencia piense y sienta como tú quieres que piense y sienta.

DOMINA SIEMPRE LA SITUACIÓN. SI PIERDES EL MARCO, RECÓBRALO

El orador siempre debe tener el control del marco, nadie debe dirigir la conversación más que él. Sin embargo, te encontrarás que en multitud de ocasiones, surgen personas que quieren dominar la situación, llevar el hilo conversacional a su terreno, desubicándote y tratando de hacer preguntas o dar testimonios que contradigan lo que tú expones. O incluso puede haber algunos que ni siquiera pretendan eso, sino simplemente notoriedad, que se les mire y observe. Es normal, no debe preocuparte este tipo de sucesos que te harán perder el marco (el control) de forma momentánea. Lo que sí debe preocuparte es recuperarlo cuanto antes. Debes ser tajante, aunque elegante a la hora de cortar estas situaciones. Tu audiencia confía en ti, así que no puedes perder crédito cuando uno de estos inconvenientes surja. Pon a la persona o personas "en su sitio", ordena el caos y sigue el hilo de la conversación donde lo dejaste. Es más, si se da el caso, utiliza esa interrupción para reforzar tu mensaje y las ideas implícitas en éste.

CONCEPTOS PARA RECORDAR:

- ✓ Tú eres el que manda en la conversación, nadie más. Si pierdes el marco, haz todo lo posible, de forma elegante, para recuperarlo.

- ✓ Utiliza cualquier interrupción para hilarlo con tu discurso y con ello reforzar el tema que estás tratando de desarrollar.

SIGUE EL ESQUEMA PREPARADO, PERO HAZ QUE PAREZCA TODO NATURAL

No hay nada más falso y artificial que un discurso "medio-leído" o el que parece maniatado por el propio esquema. El esquema se tiene que preparar, aprender y después dejar que fluya, cambie, varíe con los procesos propios de una conversación o discurso. Todo ha de parecer natural, no improvisado, pero si aprendido, espontáneo.

Esto se consigue, como casi todo lo que te he explicado, con la práctica, así que no desesperes si al principio sigues demasiado el esquema de forma ortopédica. Con esfuerzo y trabajo (y mucho ensayo mental), pronto llegará la fluidez necesaria.

CONCEPTOS PARA RECORDAR:

- ✓ Busca el puente entre el esquema aprendido y la espontaneidad. Deja que todo fluya de manera natural

PUEDES Y DEBES IMPROVISAR. SÉ ESPONTÁNEO, PERO HAS DE SABER RETOMAR EL HILO

Eso sí, cuando improvises y te salgas del esquema aprendido (que lo harás todas las veces, porque es algo natural), has de saber retomar el hilo con elegancia y esmero. Los ejercicios previos que te he recomendado te ayudarán a coger práctica en ello. Sin embargo, cuando te surja la necesidad de improvisar durante un discurso público, no tengas miedo, hazlo con seguridad y valentía, es parte de tu trabajo, y por lo tanto, no debes huir de ello, sino capacitarte para hacerlo cada vez mejor. De hecho, eso será lo que dará brillantez y amenidad a tus palabras, es lo que hará que tu trabajo no suene acartonado y fluya con relativa espontaneidad.

CONCEPTOS PARA RECORDAR:

✓ La espontaneidad es hija del ensayo y la práctica, así que no huyas y lánzate a trabajar esta cuestión. Sin duda será un elemento que hará que tu discurso cale en el público.

AYÚDATE DE ELEMENTOS VISUALES

Los elementos visuales te pueden ser de utilidad para reafirmar tus ideas y conceptos, y para relajar el ambiente y descansar. Ten en cuenta que si tu discurso va siempre bajo un mismo tono y cadencia tanto vocal como visual, el público puede tender a ausentarse por momentos, a desconectar mentalmente, algo que tú no quieres que pase.

Lo cierto es que es imposible mantener la atención de la audiencia el 100% del tiempo. Siempre habrá alguien que se ponga a pensar en otras cosas y desvíe su atención por momentos. Es algo inevitable. Sin embargo, nuestra obligación es mantener la atención consciente el máximo periodo posible. Para ello podremos jugar con los tiempos, acelerar o pausar cuando sea el momento adecuado. Y unos elementos de los que nos podemos valer para romper el patrón y cambiar de tiempo pueden ser los elementos de audio, los visuales o los audiovisuales. Yo te diría que siempre y cuando estén justificados y no despisten, utilízalos, no lo dudes. Las diapositivas, fragmentos de película o grabaciones de audio te pueden ayudar a reafirmar tus palabras y conceptos, lo cual es obviamente positivo.

CONCEPTOS PARA RECORDAR:

✓ Tu labor es captar y mantener la atención el máximo tiempo posible; para ello podrás apoyarte en todos aquellos elementos que te ayuden a conseguirlo, reafirmen tus palabras y no despisten al personal.

INCLUYE EXPERIENCIAS PERSONALES EN TU DISCURSO

Incluir experiencias personales dentro del discurso:

1) Crea afinidad con el público.

2) Establece un marco donde se te capacita a hablar de lo que estás hablando porque lo conoces de primera mano, no porque lo hayas leído, estudiado u oído.

3) Apela a la parte subconsciente del receptor.

4) Habilita a la espontaneidad y facilita la amenidad.

5) Capta con más fuerza al oyente. ¿Por qué? Porque la historia que se cuenta es la historia del ponente, no de alguien lejano.

Por todo esto, yo siempre recomendaría que se utilizasen algunas experiencias personales para argumentar el tema. Busca, indaga en tu propia vida. Todos nosotros podemos haber tenido vivencias destacables, tan solo hay que pensar e hilar. Tú también lo conseguirás. En el caso de que no encuentres algo que te pueda ayudar, válete de historias cercanas a ti que las puedas representar como próximas a tu vida.

CONCEPTOS PARA RECORDAR:

✓ Deja tu sello personal en forma de historia o historias en cada discurso largo, eso creará el clima necesario para darle autenticidad a tus propósitos.

INCLUYE DATOS REALES EN TU DISCURSO

Al igual que hemos dicho que hay que apelar a la parte subconsciente del oyente, también hay que hacerlo a la parte consciente y más racional. Para ello nos valdremos de datos y argumentos reales, que certifiquen el porqué de nuestro pensamiento. Estos datos satisfarán la parte analítica de tu audiencia, una parte que necesita valorar las cosas desde un punto de vista más realista.

Aunque aquí será cuando des los datos y argumentos, lo cierto es que éstos los investigarás y recopilarás durante tu proceso de estudio y planificación del discurso. En este momento te limitarás a dar por buenas tus ideas, y reafirmarás este hecho con esos datos.

CONCEPTOS PARA RECORDAR:

✓ Sin datos reales, tus ideas parecerán vanos pensamientos sin fuerza ninguna. Debes dar potencia y credibilidad a tus opiniones con documentos que los corroboren.

UTILIZA LAS IDEAS O PREGUNTAS DE LOS ASISTENTES PARA REAFIRMAR EL MENSAJE QUE QUIERES TRANSMITIR

Involucrar al público asistente es una forma de ganártelo. Utiliza sus ideas, hílalas con las tuyas, transfórmalas para que sugieran lo que tú quieres que expresen. Haz que el público se sienta partícipe de la experiencia que estáis teniendo; no dejes que sea un sujeto pasivo que solo escucha de forma mecánica. No. Recuerda que tu meta es que aquellos que te escuchan acaben el discurso en el punto B, teniendo en cuenta que partieron al principio desde el punto A. Haz que cambien trabajando, expresando sus opiniones e ideas, y encauzándolas tú hacia el lugar que quieres que se dirijan.

Si lo haces de forma eficaz, te aseguro que tu auditorio se entregará mucho más y estará más concentrado en tus palabras.

Eso sí, esto hará que el discurso tome otros derroteros más imprevisibles; pero eso está bien, dará lugar a la espontaneidad. Tan solo tienes que estar pendiente de que no derive en un callejón sin salida; siempre debes saber encontrar y retomar el hilo de tu esquema aprendido.

CONCEPTOS PARA RECORDAR:

✓ Sigue jugando. Hablar en público no debe ser una lucha, no es más que una conversación donde hay muchos receptores, nada más. Escucha lo que te tiene que decir la audiencia y une todo eso con el hilo conductor de tu programa.

MARCA LOS TIEMPOS Y LOS SILENCIOS

Los tiempos en un discurso son importantísimos, ya que con ellos permitimos que el oyente piense, sienta, experimente, se relaje, se concentre, ría y un sinfín de cosas más. Es cuestión de ritmos; escucha la canción que resuena en el ambiente (la conversación) y elige los mejores momentos para cada parte que tú entiendas que es necesaria.

CONCEPTOS PARA RECORDAR:

✓ Si tu discurso es plano, nadie lo aguantará; desconectarán más pronto que tarde. Por eso debes jugar con los tiempos, saber cuándo acelerar, cuándo pausar, cuándo dar tiempo para la réplica, para la recapitulación, para la reflexión, etc. En un discurso debe haber lugar para todos los conceptos que tú estimes imprescindibles dentro de tu esquema aprendido.

RECAPITULA DE FORMA REGULAR

Recapitular es imprescindible. ¿Por qué? Ya sabes por qué. Porque de esa manera, las redes neuronales que conforman toda la información que están recibiendo los asistentes, se verán reforzadas. Cuanto más repitas, más recordarán, dado que las neuronas se encenderán y activarán juntas más veces, creando vínculos más sólidos y estables.

Así que lo que te recomiendo es que, de vez en cuando, refresques conceptos con tu audiencia. Sería bueno, incluso, que sean ellos mismos los que te digan a ti y al resto de compañeros lo que han aprendido. Al verbalizarlo estarán utilizando esa información en su cerebro y, por lo tanto, la reactivarán y reforzarán.

¿Cada cuanto tiempo recopilamos? No hay una medida, dependerá del tipo de discurso y de los tiempos establecidos. Es bueno, sin embargo, hacerlo después de cada bloque importante de información, para que así ellos mismos se vayan formando un esquema mental del hilo conductor que dirige las ideas explicadas.

CONCEPTOS PARA RECORDAR:

✓ Repetir es recordar. Para que un cambio sea efectivo tenemos que reforzarlo constantemente hasta que sea lo suficientemente sólido como para que no se olvide. Tú debes recapitular conceptos y repetir esas ideas para que queden grabadas en la mente la cada uno de tus oyentes.

LO BUENO, SI BREVE, DOS VECES BUENO

Piensa que la audiencia no debe aburrirse nunca, y que debe estar muy atenta a todas tus sugestiones; de lo contrario no llegaría tu mensaje de la manera que tiene que llegar. Por eso te recomiendo que des vueltas y más vueltas para explicar o contar algo. Sé sencillo, ameno y práctico. Tienes que recapitular a menudo, sí, pero no debes liarte dando explicaciones para dar a entender algo que ya se ha entendido. Eso no.

CONCEPTOS PARA RECORDAR:

✓ Repetir para recordar, sí. Realizar una laberíntica explicación para contar algo que puedes contar de manera más sencilla, no.

CUARTA PARTE:

LO QUE DEBES SABER Y HACER DESPUÉS DEL DISCURSO

ESTUDIA Y APRENDE DE LOS ERRORES

La única manera de evolucionar es aprender de los errores. Y para aprender de ellos es imprescindible analizar el trabajo ya hecho. Yo no conozco otra forma. El análisis te vendrá de tus sensaciones, de lo que puedas observar tú mismo en grabaciones o lo que terceras personas te puedan comentar. Una vez que recopiles los datos necesarios, piensa y estudia:

1) ¿Dónde te has equivocado?

2) ¿Y por qué?

3) ¿Qué partes son las que necesito mejorar?

4) ¿Qué elementos me pueden ayudar a mejorar?

5) ¿Qué necesito para conseguirlo y qué implica?

6) ¿Estoy dispuesto a comprometerme con la mejora?

7) Vale, ¿y qué cosas he hecho realmente bien para potenciarlas todavía más?

Una vez que te hagas todas estas preguntas o alguna otra que a ti te ayude, encontrarás las respuestas. El simple hecho de cuestionarte las cosas, hace que las soluciones aparezcan. Créeme. Todo está en la actitud. Si tú estás decidido a mejorar, a ser el mejor, lo serás. Sin ninguna duda.

Y VUELTA A EMPEZAR

Hay quien piensa que una vez que has conseguido algo de experiencia en el arte de hablar en público, ya puedes echarte a dormir y descansar. Todo lo contrario. Los grandes oradores de la historia nunca pararon de aprender y aprender y seguir aprendiendo. Como ya hemos comentado aquí, el orador es una persona que debe estar buscando siempre la excelencia y para ello es preciso que evolucione, mejore y se supere cada día. No debe ser bueno, debe ser el mejor. Por esa razón el final no es más que el principio del círculo, con lo que el viaje vuelve a empezar.

Es cierto que ese nuevo viaje, lo realizarás con un bagaje en forma de estudio, decenas de experiencias y mucha práctica. Pero no te garantiza que el viaje toque a su fin y puedas pasar el resto de tu vida laboral con lo que ya has aprendido. ¡Qué va! Los tiempos cambian. Y cambian a una velocidad vertiginosa, por eso debes adaptarte a ellos y más allá de los cambios, seguir siendo el mejor. Y ya sabes lo que eso implica, seguir aprendiendo, seguir poniendo en práctica lo aprendido, divertirte y analizar y corregir todo lo que no haya salido bien. Ése es el gran secreto de los mejores oradores de todos los tiempos. Ahora ya lo sabes, así que está en tu mano que te conviertas o no en uno de ellos. ¡Toda la suerte del mundo!

LIBRO SEGUNDO:

ENTRENAMIENTO PARA EL ORADOR PROFESIONAL

Grenville Kleiser

PREFACIO

El poder de la elocuencia[2] que mueve y convence al hombre es reconocido universalmente. Hoy en día las personas que se dedican a hablar en público juegan un papel importantísimo en la sociedad. La oratoria no es un arte perdido; muy al contrario, sigue siendo un potente medio para trasmitir información, instruir y persuadir.

El arte de convencer y persuadir mediante la palabra es todavía un medio importantísimo para el desarrollo personal, aportando a quien utiliza con eficacia la palabra, múltiples beneficios. Como alguien bien dijo una vez: "La suerte del orador es que no tiene que esperar a lo largo de los agotadores años para recoger la recompensa de su trabajo. Sus triunfos son instantáneos".

Para ponerse de pie ante un vasto grupo de gentes de las más variadas opiniones, pasiones, pensamientos y prejuicios, y moldearlos a placer; para manejar y jugar con sus corazones y mentes como un pianista maneja las teclas del piano; con el fin de trasformar su forma de pensar de manera lógica; emocionando con los sentimientos que imprime la palabra como artista de la oratoria; observar todas las miradas puestas en su rostro y todo oído decidido sobre

---

[2] Según la R.A.E. (Real Academia de la Lengua):
   (Del lat. eloquentĭa).
1. f. Facultad de hablar o escribir de modo eficaz para deleitar, conmover o persuadir.
2. f. Eficacia para persuadir o conmover que tienen las palabras, los gestos o ademanes y cualquier otra acción o cosa capaz de dar a entender algo con viveza. La elocuencia de los hechos, de las cifras.

las palabras que salen de su boca; observar como la indiferencia cambia a un interés que deja al oyente sin aliento, y como la aversión se transforma en un ferviente entusiasmo; oír cientos de aplausos cada vez que terminas una frase; ver como toda la sala se anima por los sentimientos que arden por dentro y pensar que todo eso forma parte de una creación instantánea que ha brotado de un cerebro en ebullición. Esto, quizás, sea el mayor triunfo del cual la mente humana sea capaz; aquel en el que su divinidad es rotundamente revelada.

Los objetivos y propósitos de hablar hoy en día han cambiado radicalmente en comparación a tiempos pasados. Hoy la gente vive con prisas. En los negocios las personas se reúnen y rápidamente quieren cerrar sus operaciones. No hay ni necesidad ni espacio para el arte de la elocuencia. El tiempo es muy valioso como para permitir discursos prolongados. El hombre está encaminado tácitamente para ir "a lo importante", y ser razonablemente breve en aquello que va a decir.

Por eso, dadas estas nuevas circunstancias que nos da la vida, los antiguos vendedores verborreicos no tendrían cabida. Sus tonos dramáticos y estentóreos, con las manos metidas en los bolsillos del abrigo, una expresión facial exagerada y una postura estudiada, los convertirían en personajes bastante ridículos a ojos del cliente, por ser demasiado teatrales. Esto se aplica de la misma manera a los discursos en los tribunales, púlpitos, a la lectura en atril o a casi cualquier otro discurso público. La regla número uno sería que "el orador debe decir lo que tenga que contar de forma natural, simple y concisa".

Sin embargo, esto no quiere decir que tenga que limitarse a exponer unos hechos, sin manifestación alguna de sentimientos. No. Se debe seguir manteniendo un discurso apasionado con el que influenciar y persuadir. No hay incompatibilidad entre los sentimientos profundos y sinceros y los discursos claros y concisos. Un hombre con profundas convicciones sobre cualquier materia de relevancia siempre hablará de ella con fervor y sinceridad. Y eso debe hacer.

El amplio interés en el arte de la oratoria ha llevado a curiosos y alumnos del tema a estudiar la célebre obra de Quintiliano[3] sobre la educación del orador. Esta obra ha sido durante mucho tiempo uno de los tratados más valiosos jamás escritos sobre el tema, pero en su forma original resulta una obra agotadora e inaccesible para el lector medio.

En este libro se han utilizado algunas de las partes de este tratado, creando una versión simplificada y modernizada que puede ser leída y estudiada aportando grandes beneficios para aquellos que deseen profundizar en los métodos más eficaces para hablar correctamente (y con eficacia) en público. Muchos fragmentos del original han sido reescritos o abreviados, mientras que otros capítulos han sido omitidos en su totalidad.

Grenville Kleiser

---

[3] *Marcus Fabius Quintilianus* (Calagurris, c. 35 – Roma, c. 95). Retórico y pedagogo hispanorromano.
Fabio Marco Quintiliano, nació en Calagurri (actual Calahorra), España, en el año 40 a.C. Completó su educación en Roma, y comenzó la práctica de la abogacía hacia el año 68. Pero fue fundamentalmente distinguido como profesor de elocuencia, de la cual era un maestro sin igual. No tenía rival que se le resistiese.
La gran obra de Quintiliano es un sistema completo de retórica, en doce libros, titulado *De Institutione Oratoria Libre XII*, o a veces conocido como *Institutione Oratoria*, dedicado a su amigo Marcelo Victorio.

LA RETÓRICA Y LA ELOCUENCIA

La retórica[4] se ha definido comúnmente como "el poder de la persuasión". Este concepto se originó con Isócrates[5], que fue el primero que tocó este tema. Encontramos casi la misma observación en el Gorgias de Platón[6]. Cicerón[7] añadió a este concepto (en muchas de sus obras) que la tarea del orador es hablar de la manera adecuada para persuadir; y en sus libros de retórica (los cuales son una clara referencia mundial desde que se escribieron) hace ver que el fin de la elocuencia consiste en la persuasión.

¿Y el dinero no persuade de igual manera? ¿Y la confianza, la autoridad del que habla, y la dignidad que refleja una persona respetable, no produce el mismo efecto? Claro que sí. ¡Incluso sin pronunciar palabra!

---

[4] Según la R.A.E. (Real Academia de la Lengua):
(Del lat. rhetorĭca, y este del gr. ῥητορική).
1. f. Arte de bien decir, de dar al lenguaje escrito o hablado eficacia bastante para deleitar, persuadir o conmover.
2. f. Teoría de la composición literaria y de la expresión hablada.
3. f. despect. Uso impropio o intempestivo de este arte.
4. f. pl. coloq. Sofisterías o razones que no son del caso. No me venga usted a mí con retóricas.
[5] Ἰσοκράτης, Isokrátês (Atenas, 436 a. C. - ibíd. 338 a. C.) Orador, político y educador griego, creador del concepto de panhelenismo.
[6] Πλάτων (Atenas o Egina,1 ca. 427-347 a. C.). Filósofo griego, uno de los más influyentes de la historia; fundador de La Academia. Siguió las enseñanzas de Sócrates y a su vez fue maestro de Aristóteles.
[7] Marcus Tullius Cicero (Arpino, 3 de enero de 106 a. C. - Formia, 7 de diciembre de 43 a. C.) Jurista, político, filósofo, escritor, y orador romano. Es considerado uno de los más grandes retóricos y estilistas de la prosa en latín de la República romana y de todos los tiempos.

Muchos han sido los que han definido **la retórica como el poder de persuadir a través del habla.**

Es por eso que en *Gorgias*, una de las obras cumbre de Platón, el fin de la retórica viene a ser la dominación del hombre mediante la facultad de hablar. Otros, como Aristóteles[8], han definido la retórica como el poder de inventar todo aquello que consiga persuadir en un discurso.

Estas son las principales definiciones de retórica que han tomado fuerza a lo largo del tiempo. Mi propósito no es repasar todas ellas, tampoco creo que sea necesario, ya que muchas son reafirmaciones de una misma idea. Tan solo puntualizaremos que la retórica debería definirse como la ciencia de hablar bien. Si nos quedamos con esta base, me parece innecesario ahondar más allá.

EL VALOR AUTÉNTICO DEL DON DEL HABLA

Dado que el habla nos diferencia de muchas otras especies y que, por lo tanto, debemos considerarlo un don de la naturaleza, justo sería que hiciésemos de él un arte que desarrollar al máximo.

Para convencernos de ello necesitamos considerar solamente en qué grado la elocuencia ha llegado a perfeccionarse hoy en día, y hasta qué punto todavía podría evolucionar y perfeccionarse más. Sin mencionar las ventajas que podemos extraer de ello y el placer que nos puede dar dominar una conversación, poder expresarnos con autonomía y solvencia y saber transmitir todos y cada uno de nuestros pensamientos a amigos, clientes, espectadores u oyentes. Y poder manifestar la gloria que los grandes oradores

[8] Ἀριστοτέλης, *Aristotélēs* (384 a. C.-322 a. C.) Filósofo, lógico y científico de la Antigua Grecia, que escribió más de doscientos tratados de enorme influencia (de los cuales nos han llegado menos de una treintena) sobre lógica, metafísica, biología, ética, estética, filosofía política, retórica, física, astronomía y filosofía de la ciencia.

de la historia pudieron manifestar; donde sus palabras calaban en todo aquél que las escuchaba impregnando todo su espíritu.

EL ARTE DE LA ORATORIA

No seré yo el que dude del don de la palabra y de sus utilidades, desde luego, más bien al contrario. Pero, ¿y si la retórica fuese un arte? Aquellos que escribieron normas para la elocuencia dudaron tan poco que prefijaron "el arte de la oratoria" como título de sus libros, sin posibilidad de titularlo de otra manera.

Cicerón dice que lo que llamamos retórica es solo una elocuencia artificial. Si esto fuera una opinión individual, podría haberse pensado que la adoptaron como marca de identidad única, pero muchos filósofos, tanto estoicos como peripatéticos, están de acuerdo con esta opinión.

Debo confesar que he dudado en discutir sobre la materia. ¿Quienes pueden estar tan carentes de sentido y conocimiento como para encontrar "arte" en la arquitectura, costura, cerámica… e imaginar que la retórica, la excelencia de la cual ya hemos hablado un poco, pueda llegar a su estado actual de grandeza y perfección sin considerarse arte?

¿ES LA ELOCUENCIA UN DON DE LA NATURALEZA?

Algunos mantienen que la retórica es un don de la elocuencia aunque admiten que se puede perfeccionar por el continuo ejercicio. Sin embargo, sería suficiente responder que "todo aquello que es susceptible de ser perfeccionado por el arte tiene su origen en la naturaleza". Si no fuera así, deberíamos excluir a la medicina del catálogo de las artes, por ejemplo, ya que poco de artístico tendría la cura de enfermedades en sus inicios. Y de ningún modo la arquitectura podría ser un arte pues los primeros hombres que construyeron sus cabañas no tomaron instrucción artística ninguna.

La música debe ir por el mismo camino, pues cada nación tiene sus propias peculiaridades en bailes y cantos.

Y si por retórica nos referimos a cualquier tipo de discurso, debemos asumirlo como previo al arte, ya que en tiempos remotos los que hablaban no lo hacían con las destrezas que hoy en día lo hace un orador, y, por lo tanto, debemos asumir sin error alguno que la evolución en esta forma de hablar proviene del arte.

RETÓRICA Y DESFIGURACIÓN/ TERGIVERSACIÓN

Admito que a veces la retórica emplea ideas falsas en lugar de ciertas, pero esto no significa que apruebe aquello que es falso. Existe una amplia diferencia entre aprobar una falsedad y hacer que otros la aprueben. ¿O debe un pintor que coloca objetos en el cuadro suponer que para algunos parecen proyectados fuera del lienzo y para otros hundidos en él, cuando en realidad están todos esos objetos dibujados sobre una superficie plana?

EL OBJETO DE UN DISCURSO

Hay quien dice que "cada arte propone un fin, pero que la retórica no tiene fin, o no pone en marcha el fin que propone a sí mismo". Esto es completamente falso, como se ha visto en lo que ya hemos comentado en relación al fin y consistencia de la retórica. El orador nunca debe fallar para obtener este fin, por lo que siempre debe hablar con corrección. Así que esta objeción afectará solo a aquéllos que persuaden el fin de la retórica por la retórica. Pero nuestro orador, y nuestra definición de arte, no se restringen a estos hechos, ya que un orador lucha por ganar su causa, pero puede perderla. Mientras que haya peleado a muerte por ello, habrá cumplido con las órdenes de su arte, con su fin último. Un capitán de navío desea llegar a puerto a salvo, pero si una tormenta se lleva por delante a su barco, ¿es él, en ese caso, un marinero con menos experiencia? Yo creo que es prueba suficiente su constante atención al mando para demostrar que no estaba desatendiendo sus tareas. Un enfermero intenta curar a un enfermo, pero si sus remedios son un estorbo en su operación por la virulencia de la enfermedad o la intemperancia del paciente, o por accidente, no podemos echarle la culpa, porque ha cumplido con las obligaciones de su arte. Del mismo modo, el fin último del orador es hablar con corrección. Su fin está en los actos y no en el efecto que consigue con su arte. De este modo, es falso decir que "el arte sabe cuando ha obtenido su fin, pero la retórica no tiene ni idea del tema" como si un orador pudiera ser ignorante de su correcto hablar y propósitos. También se dice que la retórica, contraria a costumbres de otras artes, adopta vicios, porque consiente la falsedad y promueve pasiones. Yo digo que no son malas prácticas, y en consecuencia no son vicios, cuando se basan en razones substanciales. Hasta a los sabios se les permite a veces disuadir la verdad. Si no puede haber justicia salvo por medio de las pasiones, el orador deber recurrir necesariamente a éstas. En este momento cualquier estratagema es válida para combatir en la batalla y poner todas sus máquinas a trabajar para aquel que ha sido eliminado del camino recto y no pude volver, salvo que encuentre un cambio de sentido.

ELOCUENCIA ADQUIRIDA POR EL ESTUDIO Y LA PRÁCTICA

Estas son las objeciones principales que se han hecho contra la retórica. Existen otras de menos importancia que derivan del mismo origen. Está más que demostrado que la retórica es un arte. Si el arte, como piensa Cleanto[9], es un poder que prepara un camino y establece un orden, ¿puede haber dudas sobre mantener un cierto camino y orden para hablar bien? Y si, según la opción aceptada, estamos llamando arte a todo aquello que por una combinación de principios acordados y ejercitados conduce a un fin legítimo. ¿No hemos visto que nada de esto falta en la retórica? ¿No posee las dos partes constituyentes de otras artes (teoría y práctica)? Si el dialecto es un arte, se reconoce por la misma razón. Así, la retórica es un arte; la gran diferencia no radica tanto en el género como en la especie. Pero no debemos olvidar esta observación, en la que el arte debe estar donde algo está hecho según las normas, y no de forma aleatoria, y el arte debe estar donde hay éxitos académicos más que donde no los hay. Pero en materia de elocuencia no solo los ignorantes serán sobrepasados por los eruditos, sino también por los más eruditos todavía, de lo contrario no deberíamos tener tantas reglas ni tantos maestros. Esto parece haber sido adquirido por todos, pero más concretamente por nosotros, que no separamos la elocuencia de la integridad del hombre.

---

[9] *Κλεάνθης*, (330 a 300 a. C. - 232 a. C.) Cleantes de Asos, aunque también conocido como Cleanto, fue un filósofo de la escuela estoica y discípulo de Zenón de Citio.

EL EXORDIUM O INTRODUCCIÓN

El *exordium* (exordio[10]) o introducción es la parte del discurso que se pronuncia antes de entrar en el tema. Igual que los músicos hacen un preludio para obtener silencio y atención antes de tocar sus temas, los oradores antes de comenzar a defender su causa, construyen, en torno a la misma idea, un camino que les prepare para conseguir una atmósfera amable en los oyentes.

EL PROPÓSITO DE LA INTRODUCCIÓN

El fin último de la introducción es disponer a los asistentes para estar a favor de nosotros en las otras partes del discurso. Esto, como coinciden muchos autores, se logra creando amabilidad en el público, atención y haciéndoles más receptivos; intentando que esto se mantenga durante todo el discurso.

Se debe hablar muy poco de uno mismo, y siempre de forma modesta. Se debe causar una buena impresión y hacer ver que el orador es una persona honesta.

---

[10]   Según la R.A.E. (Real Academia de la Lengua):
(Del lat. *exordĭum*).
1. m. Principio, introducción, preámbulo de una obra literaria, especialmente la primera parte del discurso oratorio, la cual tiene por objeto excitar la atención y preparar el ánimo de los oyentes.
2. m. Preámbulo de un razonamiento o conversación familiar.
3. m. ant. Origen y principio de algo.

IDEAS A EVITAR E INCLUIR

Debe evitarse toda expresión rencorosa, arrogante, que calumnie o resulte despectiva y mucho menos alguna que insinúe la difamación de cualquier persona o cargo particular. Lo menos inteligente es ser tan imprudente como para atacar, no de forma clara, pero si indirecta.

Debemos obtener el favor de los oyentes sin elogiarlos mucho, y si lo hacemos, debemos hacerlo con moderación y realizando estos elogios encajando y conectando con el interés de la causa.

ESTUDIA A TUS OYENTES

Esto puede ser la base de tu discurso… si has hecho un buen análisis de la gente que te va a escuchar. Según sea su temperamento, fuerte o suave, serio o agradecido, rudo o amable, el discurso debe hacerse para que se incline a favor de las ideas que tú quieres defender, o para mitigar o suavizar las ideas que sobre ellas tengan en contra.

EMITIENDO EMOCIONES

Los oyentes también tienen sus propios prejuicios y opiniones, las cuales podemos o fortalecer o debilitar, según lo veamos necesario El miedo a veces debe ser también expulsado. Incluso, a veces habrá ocasión de intimidarles. Si el discurso en sí mismo muestra razones suficientes para ganarse la buena voluntad del oyente, todo lo que sea más favorable y beneficioso puede incluirse en el *exordium*. Será necesario enumerar todas las circunstancias favorables en las causas, que son bien conocidas tras establecer los hechos. Aparte, una enumeración imprecisa puede dar lugar a una gran variedad de aplicación de leyes. De este modo el discurso mismo debe enseñarnos a buscar y mejorar estas circunstancias.

A veces la compasión surge, tanto si hemos sufrido o podemos sufrir cualquier cosa grave. No soy de la opinión de aquellos que distinguen entre peroración[11] y *exordium*, porque así tendríamos una que hablase de lo que ha pasado y otra que explique lo que va a pasar. Son dos partes bastante diferenciadas. En el *exordium* el orador debe ser más reservado y solo lanzar algunas pistas de los sentimientos que desea sacar de las mentes de los oyentes, mientras que en la peroración debe hacer florecer todo tipo de emociones, introducir testimonios, etc. Todas estas peculiaridades apenas se utilizan en el *exordium*.

MATERIAL PARA LA INTRODUCCIÓN

Dejando a un lado personas y causas, el *exordium* a veces se saca de sus complementos, esto es, de los aspectos relacionados a las causas y personas. A las personas se aplican y añaden a la conversación no solo los empeños ya mencionados, sino también las afinidades, amistades y a veces ciudades, países...

Teofrasto[12] añade otro tipo de *exordium*, tomado del empeño del orador que habla en primer lugar. Así pareció suceder en el discurso de Demóstenes[13] en Ctesifonte[14], donde pidió a los oyentes que le permitieran contestar

---

[11] Según Según la R.A.E. (Real Academia de la Lengua):
(Del lat. *peroratĭo, -ōnis*).
1. f. Acción y efecto de perorar.
2. f. Ret. Última parte del discurso, en que se hace la enumeración de las pruebas y se trata de mover con más eficacia que antes el ánimo del auditorio.
3. f. Ret. Parte exclusivamente patética de la peroración.
[12] Θεόφραστος. Ereso, ca. (371 a.C. -287 a. C.) Filósofo griego que se formó en la escuela de Platón.
[13] Δημοσθένης; Dēmosthénēs; (Atenas, 380 a. C. - Calauria, 320 a. C.) Sobresaliente político ateniense y uno de los oradores más reconocidos de la historia.
[14] Ciudad desaparecida, hoy en día estaría situada en la actual Irak, a unos treinta kilómetros de Bagdag. Fue una de las más importantes ciudades de la antigua Mesopotamia.

antes de seguir las normas prescritas por el acusador, ya que era lo más adecuado.

Ya que la seguridad que se observa en algunos oradores puede pasar fácilmente como arrogancia, hay ciertas maneras de comportamiento que habría que evitar. Estas son desear, protegerse de toda sospecha, suplicar, y montar un espectáculo de ansiedad y tragedia.

La atención del oyente se asegura induciéndole a creer que la cuestión a debate es nueva, importante, extraordinaria o de una naturaleza atroz, o que interesa tanto a él como al público en general. Así su mente se emocionará y sentirá esperanza, miedo, queja, ruego o incluso halago, si creemos que es conveniente. Otra manera de obtener atención es prometer tomar poco de su tiempo, ya que nos debemos limitar solo a nuestro tema.

De lo que se ha dicho, vemos que causas diferentes requieren estar regladas por reglas distintas y, generalmente, se especifican cinco tipos de causas que son: honestas, viles, dudosas, extraordinarias y desconocidas. Algunos añaden un sexto tipo, el de las vergonzosas, que otros incluyen en viles o extraordinarias. Se entiende por extraordinario lo que es contrario a la opinión del hombre. En un caso dudoso el oyente suele ser favorable, en uno desconocido dócil, en uno vil, atento. Una causa honesta es suficiente por sí misma para resultar favorable. Las causas que carecen de soluciones suelen ser las viles o extraordinarias.

DOS TIPOS DE INTRODUCCIÓN

Algunos van más allá y hablan de dos tipos de introducciones: una sería un comienzo y otra una insinuación.

- En la primera a los oyentes se les exige abiertamente tener buena voluntad y prestar atención, pero esto no procede en las causas del tipo vil. La insinuación debe formar parte de sus mentes, especialmente cuando el discurso no parezca tener un aspecto suficiente, tanto porque el discurso en sí mismo sea infame o si es una medida que no está aprobada por el público.

- Si el discurso no puede mantenerse bien, utilicemos el recurso de la bondad de la persona, y si la persona no es condenable, debemos basar nuestro apoyo en la causa. Si no sucede nada que nos pueda ayudar, debemos ver que puede herir al oponente. Obtener más puntos a favor es algo que se desea y el paso siguiente es incurrir en menos odio.

- En aquello que no puede negarse, debemos mostrar que hay pocas muestras de las que se describen, o que éstas han sucedido con distinto propósito, o que no pertenecen ni tienen que ver con la cuestión que se trata en ese momento, o que el arrepentimiento será suficiente para compensar todo lo anterior, o que ya ha recibido un castigo proporcionado.

La insinuación no parece muy necesaria cuando el contrario ha actuado con predisposición en las mentes de los oyentes, o se les ha fatigado con la tediosidad del elogio. Lo primero será conseguir lo mejor prometiendo pruebas substanciales de nuestra parte y refutando aquellas del oponente. Lo segundo, prometiendo ser breve y recurrir a los medios prescritos para hacer que el oyente esté atento. En este último caso, alguna amabilidad o algo ingenioso para refrescar la mente del oyente puede resultar un golpe de efecto. No sería erróneo eliminar aquello que pueda parecer un obstáculo.

CÓMO ELEGIR EL COMIENZO CORRECTO

El orador debe considerar cuál es el tema del que se va a hablar, antes de quien, para quien, contra quien, en qué momento, en qué lugar, bajo qué condiciones, qué pensara el público al respecto, qué pensaran los oyentes antes de escucharle, y qué quiere desear y aprender. Cualquiera que tenga en cuenta estas consideraciones sabrá cómo empezar de forma natural. Pero ahora los oradores llaman *exordium* a cualquier cosa con la que se comienza, y para mí es una ventaja maravillosa hacer un comienzo brillante. Sin duda hay muchas cosas que se añaden en el *exordium* que se toman de otras partes del discurso, o al menos son comunes a éste, pero nada dice que no pueda hacerse.

EL VALOR DE LA NATURALIDAD

Puede haber muchas cosas que enganchen en un *exordium*. La sencillez realza la reputación de genio al que lo consigue. Su aire de simplicidad, sin dejar que el oyente baje la guardia, engendra credibilidad, y aunque el discurso sea elaborado y escrito con gran exactitud en el resto de sus partes, para la mayor parte debe parecer un discurso improvisado. Evidentemente la introducción o *exordium* siempre debe parecer algo no premeditado.

Pero nada encajará mejor en un *exordium* que la modestia en la voz, pensamientos y composición, pues inspira confianza. La seguridad siempre es odiosa en un alegato y un oyente que sea sensible a su autoridad demandará respeto de forma tácita. El orador debe mantener su manera tranquila para hablar con justicia y no con una demostración ostentosa de arte elevado.

LA NECESIDAD DE LA SIMPLICIDAD

Otra regla inculcada por los antiguos es no admitir en el *exordium* cualquier palabra extraña, una metáfora muy oscura, una expresión obsoleta o un giro poético. Como aún no tenemos una relación de proximidad con los oyentes, su atención no se ha prestado completamente. Una vez que ya han concedido su aprecio y están inclinados a nuestro favor, es el momento de atacar su libertad de forma sutil y honesta.

El estilo del *exordium* no debe ser aquel que tendrá lugar en el argumento propio o en la narración; debe ser simple y natural, no prometiendo mucho ni en contenido ni en palabras. Una acción modesta, también carente del menor uso de ostentación, ilustrará mejor las mentes de los oyentes. Pero todo esto debe estar regulado según los sentimientos que deseamos que los oyentes reciban de nosotros; los que queremos transmitirles.

Sin embargo, debemos recordar que ni debemos distraernos con enredos de memoria ni alargarnos juntando palabras, unas detrás de otras. Un discurso mal pronunciado puede ser comparado a una cara llena de cicatrices, y ciertamente debe ser un mal piloto el que ponga su barco en peligro de hundimiento mientras todavía está saliendo del puerto.

La longitud del *exordium* debe ser proporcional a la naturaleza del caso. Ni más ni menos. Causas simples admiten una introducción o *exordium* breve. Las causas complejas, dudosas y odiosas requieren *exordium* más largos. Algunos escritores han prescrito cuatro puntos como leyes para todo *exordium*, lo cual es ridículo. Una longitud desmesurada debe evitarse a toda costa, para que no parezca como algunos monstruos que tienen más grande la cabeza que el resto del cuerpo, y crear un disgusto inicial donde solo se buscaba preparar al oyente.

"INMOVILIZANDO" LA INTRODUCCIÓN

Cuando usemos la introducción o *exordium*, tanto si pasamos a las pruebas como a la narración directamente, debemos siempre mantener una conexión entre lo que acabamos de decir y lo que vamos a decir. Proceder de una parte a otra, saltando con algo de ingenio que difumine la transición, en busca del aplauso fácil, es algo frío y pueril que nos degrada como oradores. Si vamos a continuar con una narración ardua, debemos preparar al oyente para ello. En el siguiente pasaje Cicerón nos explica lo que decía a su público de vez en cuando: "debo arrancar con fuerza para acatar este tema ante ustedes, que espero, señores, que no les disguste, porque su origen es bien sabido que les hará partícipes de muchas ideas que ahora mismo les paso a relatar".

LA NARRACIÓN

Denominaremos narración al acto de narrar, de explicar una serie de sucesos ocurridos en el tiempo y en un espacio determinado.

DOS TIPOS DE NARRACIÓN

En asuntos judiciales existen dos tipos de narración, aquella de la causa, y aquella de las cosas que la pertenecen. "No he matado a este hombre" sería algo que no necesita narración. Admito que no la necesite, pero puede que haga una narración e incluso algo extenso, en relación a las causas probables de la inocencia de los hechos que se le acusan, como su integridad como persona, los motivos del oponente para poner en peligro la vida de un hombre inocente y otras circunstancias que muestren la incredibilidad de la acusación. El que acuse no dirá meramente "Usted ha cometido ese crimen", mostrará las razones para dar credibilidad a su acusación. Expondrá todas las circunstancias, datos y elementos que corroboren su teoría. Por ejemplo dirá: "Usted estaba a la misma hora del fallecimiento en la misma zona donde se produjo la muerte. Además, las ropas que usted llevaba ese día estaba llenas de sangre". En ese momento llegarán los argumentos en forma de narración del demandado, que bien podría decir en favor de su defensa: "Yo no me encontraba por esa zona ese día a esa hora. Si bien es cierto que por la mañana pasé por allí a visitar a un familiar, por la tarde me encontraba en un lugar complemente opuesto de la ciudad realizando unas compras. Y en cuanto a la sangre de mis ropas, usted mismo podrá comprobar que me hice un corte en la mano derecha. Y me manché sus querer mis pantalones y la camisa".

CÓMO HACER UNA CONCLUSIÓN

El final de la narración es más para persuadir que para informar. De este modo, cuando los oyentes no requieran información si consideramos conveniente recurrir a nuestra forma de pensar y relacionar el asunto con ciertas precauciones como que ellos tienen conocimiento del discurso en general. No sería erróneo si ellos eligen examinar cada hecho particular tal y como aconteció. A veces podemos diversificar la exposición con una variedad de turnos y figuras como cuando decimos "Como usted recordará" o " Quizá no es necesario insistir más en este punto" o " Pero por qué debemos hablar más de ello cuando usted ya tiene constancia del asunto".

Un tema que se debate con frecuencia es el de saber si la narración debe situarse inmediatamente después de la introducción. Aquellos que piensan que debe ser así, están en lo cierto, pues el diseño del *exordium* es disponer a los oyentes para oír con su buena voluntad, docilidad y atención los argumentos que vayamos a darles.

PROPÓSITOS DE LA NARRACIÓN

Los propósitos de la narración son que el oyente entienda, recuerde y crea lo que le estamos contando.

Esas tres cualidades de la narración pertenecen de alguna manera al resto de las partes del discurso. La oscuridad debe evitarse durante todo el texto, y también debemos mantener ciertos límites, y todo lo que se diga debe ser posible, ya que para que el resto de partes de nuestro discurso sean de igual modo creíbles, es importante que esta primera parte ya lo sea.

LAS CUALIDADES NECESARIAS PARA EL ÉXITO

La narración será clara e inteligible si:

1) Está expresada con las palabras adecuadas y que no tengan significados ambiguos, de doble sentido, rebuscados o con matices poco comunes.

2) Si se distinguen exactamente cosas, personas, tiempos, lugares y causas, todas las cuales deben acompañarse de una entrega adecuada, de manera que el oyente pueda retener con mayor facilidad lo que se expone.

Esto es una cualidad desatendida por muchos oradores. Cuanta más experiencia tenemos, encontramos mayor la dificultad de hablar de manera clara y sencilla. Pero, ¿no se expresará el orador de la manera más perfecta cuando parezca ser completamente sincero? De hecho, la elocuencia se manifiesta en él, así como la voz, los gestos, los pensamientos, la expresión...

Diremos que la narración tendrá el punto de partida adecuado (o sea, el breve) cuando comenzamos por explicar el asunto desde el punto donde le concierne al oyente, si no decimos nada ajeno al discurso, y por último, si evitamos todo aquello que sea superfluo, aunque sin cortar lo que pueda dar perspectiva al discurso o estar de su lado.

A veces cuando somos breves nos volvemos oscuros. Un fallo a evitar, igualmente. Es mejor que la narración tenga de más a que falte algo esencial. Lo que es redundante, disgusta; lo que es necesario y no se cuenta, pone en peligro nuestro discurso.

La narración debe ser concisa y no adornarse demasiado. Si está hecha con límites y de forma cercana por todas partes no será tanto una narración sino una pobre mezcla de cosas dispuestas en conjunto.

HACER QUE ACEPTEN TUS DECLARACIONES

Lo primero para realizar la narración de la mejor manera posible es adecuarla a la realidad, para que nada ni nadie pueda contradecirnos. Después debemos encontrar las razones para los hechos (no para todos), solo para aquellos que tengan que ver con la cuestión.

EL ORDEN DE LA NARRACIÓN

No coincido con la opinión de aquellos que piensan que los hechos deben siempre estar relatados en el mismo orden en el que suceden. Es cierto que esa forma de narrar es muy adecuada en muchos sentidos, pero, ¿no es más importante darle paso a la sinceridad que al orden? A veces, dejarnos llevar por nuestros impulsos naturales (aspectos con los cuales denotaremos sinceridad) nos desviarán del camino de la exposición. Mi recomendación es seguir dejándonos llevar por esos impulsos naturales y retomar el orden en cuanto podamos.

A veces, tras explicar todo el asunto, debemos adjuntar las causas de los antecedentes. E incluso en el arte de la defensa, no circunscrito por ninguna ley invariable, debe ser adaptada por la naturaleza y circunstancias de la causa.

Nada mejora tanto la credibilidad de una narración como la autoridad de quien la hace; y esta autoridad es nuestra tarea para adquirir, sobre todo, por una vida irreprochable, y después por la forma de aplicación. Aquí toda sospecha de astucia o artificio debe, de esta manera, ser evitado particularmente, para los oyentes. Asimismo, nada debe parecer pura ficción.

DIVISIÓN Y ARGUMENTO

Algunos opinan que la división debe ser siempre empleada, como si por ello el discurso fuese más claro y el oyente estuviese más atento y fuese más fácil de enseñar cuando sabe de qué le vamos a hablar y qué pretendemos tras el discurso. Otros piensan que esto es tomado con peligro por el orador, tanto por olvidar a veces aquello que ha prometido, o por cualquier otra cosa que le ocurra tanto al oyente como a los oyentes, que no han pensado en la división. No puedo imaginar cómo puede pasar esto, salvo con uno que sea tanto destituido de sentido o precipitado para acusar sin preparación. En cualquier otro caso, nada puede establecer más claro un asunto que la mera división.

EL ERROR DE DEMASIADAS DIVISIONES

Pero si la división parece un requisito, no estoy dispuesto a aprobar la noción de aquéllos que se han extendido a más de tres partes. De hecho, cuando hay demasiadas partes, se escapan de la memoria del oyente y le distraen, pero una causa no debe estar atada escrupulosamente a este número y puede necesitar más.

DESVENTAJAS DE LAS DIVISIONES

Hay razones para no usar siempre la división, siendo la principal que muchas cosas se reciben mejor cuando parecen de invención en el momento y no provocadas por su estudio, pero sí surgiendo por la naturaleza misma del discurso. Hay frases que no son agradables de oír como "Casi olvido decir que" o "Se me olvidó haceros partícipes de". Si las utilizas una y otra vez, perderás, por reiteración, toda la gracia de estar improvisando.

CUANDO ES CONVENIENTE LA DIVISIÓN

Si hay que evitar o refutar muchas cosas, la división será tan útil como eficaz, causando que todo aparezca en el orden que se va a decir.

FUNDAMENTOS DE UN BUEN ARGUMENTO

Toda división, por consiguiente, cuando puede ser empleada para aventajar, debe ser clara e inteligible. Además, debe ser breve, y no estar encumbrada por ninguna palabra superflua, porque no entramos en el asunto, solo lo destacamos.

Si las pruebas son fuertes y convincentes, deben ser propuestas y reafirmadas de forma separada. Si resultan flojas, será mejor compilarlas en un cuerpo. En el primer caso, siendo persuasivas por sí mismas, será impropio ocultarlas con la confusión de otras; deben mostrarse con su propia luz. En el segundo caso, siendo las pruebas flojas por naturaleza, deben presentarse juntas para apoyarse las unas a las otras.

EL MEJOR ORDEN PARA EL ARGUMENTO

También ha sido tema de debate decidir si las pruebas más fuertes deben situarse al comienzo, para dar una impresión inmediata en los oyentes, o al final, para que la impresión aguante con ellos, o distribuirlas entre el principio y el final, situando las más débiles, o comenzando con las débiles y concluyendo con las más fuertes.

Para mi gusto esto depende de la naturaleza y exigencias del discurso, aunque con reservas, ya que el discurso no debe disminuir en poder decayendo en lo frívolo e insignificante.

LA PERORACIÓN

La peroración[15], llamada por algunos "final" y por otros "conclusión de un discurso" es de dos tipos, y considera tanto los temas que se discuten en él como la emoción de las pasiones.

Es denominado por los griegos "recapitulación" y "enumeración" por algunos latinos, y sirve para refrescar la memoria del oyente, para situar el discurso al completo bajo un punto de vista directo, y para reunir en un cuerpo muchas pruebas que, de forma separada, crean menos impresión. Debe de ser muy breve; ya el término griego indica que debemos destacar solo las ideas principales, pues si somos muy extensos en hacerlo, no será una enumeración sino un segundo discurso. Sin embargo, los puntos que parece necesitar esta enumeración deben ser pronunciados con cierto énfasis y animados con la idea de dejar las cosas muy claras al auditorio. De otra manera se convertiría en una mera repetición, que podría incluso disgustar al oyente.

REGLAS PARA LA PERORACIÓN

Todos coinciden en que la recapitulación pueda emplearse para avanzar en otras partes del alegato, si el discurso es complicado y requiere más argumentos para defenderlo. Y, por otra parte, no admite duda de que muchas causas son tan breves y simples que ni tienen ocasión de recapitulación.

---

[15] Última parte del discurso, en que se hace la enumeración de las pruebas y se trata de mover con más eficacia que antes el ánimo del auditorio.

Este parece ser el único tipo de peroración permitido por la mayoría de los atenienses y filósofos que dejaron escrito sobre el arte de la oratoria. Imagino que los atenienses eran de esa opinión porque era costumbre en Atenas silenciar, mediante un pregonero público, a cualquier orador que tratase de agitar pasiones.

PROPÓSITOS DE LA PERORACIÓN

Con anterioridad hemos captado la atención del oyente; le hemos engatusado y llevado al punto que queríamos; ahora, en la peroración, debemos intentar llevar al oyente a esta disposición mental reflexiva en la cual almacene los datos necesarios para después ser capaz de emitir un juicio que esté dentro de nuestra línea de pensamiento.

Acabada la peroración, no podemos decir nada más, ni nada puede reservarse para otro lugar.

CÓMO ARROJAR EMOCIONES

No debemos imaginarnos, como algunos habrán pensado, que todo mueve pasiones. Todas las emociones y sentimientos deben estar confinados para el *exordium* o en la peroración. En estas partes es más frecuente, aunque también se admiten en otras, pero en menos cantidad, ya que el gran énfasis debe reservarse para el final. Aquí, en algún sitio, el orador puede dejarse llevar por todas las corrientes de la elocuencia. Si hemos ejecutado todas las piezas con ventaja, aquí tomamos posesión de las mentes de los oyentes, y habiendo escapado de todo obstáculo, puede expandir todos nuestros barcos para un favorable vendaval; y como amplificación hace que una gran parte de la peroración, cuando podemos entonces levantar y embellecer nuestro estilo con los pensamientos más brillantes y expresiones más acordes. Y, en efecto, la conclusión del discurso debe tener cierta similitud con el de la tragedia y la comedia, en la cual el actor agradece los aplausos de los espectadores.

En otras partes se pueden abordar las pasiones, como naturalmente se levantan en el tema, y ninguna cosa horrible o dolorosa debe establecerse sin estar acompañada de un sentimiento adecuado. Cuando en el debate pueda estar la calidad de una cosa, se junta correctamente a las pruebas de cada cosa que traemos de forma externa. Cuando se declara una causa complicada con unas circunstancias variadas, entonces será necesario recurrir a tantas peroraciones como fueran necesarias; como Cicerón contra Verrés, prestando sus lágrimas en ocasiones a Filodamo, a los capitanes de buques, a los ciudadanos romanos crucificados y a muchos otros.

WALTER L. PRIZE y GRENVILLE KLEISER

PASIÓN Y PERSUASIÓN

Puede imaginarse bien que nada es más importante en todo el arte de la oratoria que el uso adecuado de las pasiones. Un genio escaso, ayudado por lo que se aprende o por la experiencia, puede ser suficiente para manejar ciertas partes con cierta audacia que arrastre a los oyentes, los mueva hasta el lugar que nosotros deseemos.

Es verdad que las pruebas, hacen a los oyentes suponer que nuestra causa es la mejor, pero la pasión les hace desear que esto sea así.

Entonces, es el poder de mover de las pasiones al que el orador debe dirigir todos sus esfuerzos, siento ésta su tarea y el trabajo principal sin el cual todos sus recursos están desnudos, hambrientos, flojos y desagradecidos.

Las pasiones son el día a día del alma de la persuasión.

CUALIDADES NECESARIAS EN EL ORADOR

En general, lo que requerimos en el orador es una personalidad bondadosa, no solo tranquila y agradable, sino humana, insinuadora, amigable y encantadora para el oyente. Y su gran perfección llegaría en el momento en que sea capaz de hacer fluir lo natural en las cosas y personas, pues así la moral del orador brilla en su discurso y se conoce su verdadera esencia.

Todos estos presupuestos dicen que el orador debe ser un hombre humano y bondadoso. Las virtudes que él elogia en su cliente debe poseerlas y desarrollarlas él mismo.

El estilo y la forma adecuada en estas ocasiones deben, por lo tanto, ser dulces e insinuantes, nunca secos e imperiosos, ni poniendo una tensión muy elevada. Será suficiente hablar de manera probable, agradable y propia.

Por eso la vehemencia es la capacidad de oratoria que sabe como igualar, e incluso sobrepasar, la enormidad e indignidad de hechos que expone. Una cualidad de singular importancia para el orador y la cual Demóstenes destacó por encima de todas las demás.

EL SECRETO DE MOVER LAS PASIONES

El gran secreto de mover las pasiones es que nos muevan a nosotros mismos, por imitación de miedo, indignación, rabia... Nos comportaremos de forma ridícula si solo nos conformamos con nuestras palabras y nuestro aspecto, mientras que nuestro corazón se encuentra al mismo tiempo separado de todas aquellas emociones que queremos transmitir. ¿Cómo hablan los más ignorantes de forma elocuente mientras están en cólera, salvo que sea desde esta fuerza y estos sentimientos mentales?

Por lo tanto, en tales pasiones, que se representarían como copias fieles de las reales, nos permiten ser nosotros mismos, como aquellos que sufren realmente, y permiten que nuestro discurso proceda tal disposición en la mente como aquella en la que estará el oyente. ¿Va a llorar el que me oiga hablar con una cara inexpresiva y aire de indiferencia? ¿Se enfadará si me mantengo calmado y sereno cuando tengo que motivar su ira? ¿Llorará si demando con indiferencia? Improbable.

Nada calienta ni humedece salvo aquello que está dotado de la propiedad del calor o la humedad, ni nada da a otro un color que no se tiene. Entonces, la principal consideración debe ser que nosotros mismos mantengamos la impresión que queremos para los oyentes, y afectarnos nosotros mismos antes de esforzarnos en afectar a otros.

EL PODER DE LAS IMÁGENES MENTALES

Pero, ¿cómo podemos estar afectados, si las emociones o las pasiones no están en nuestro poder? Esto se puede hacer a través de lo que podemos llamar visiones, en las cuales las imágenes de cosas ausentes están tan representadas en la mente que nos parece difícil ver con nuestros ojos y que no se presenten ante nosotros. Cualquiera puede trabajar su imaginación para una visión intuitiva de este tipo, teniendo mucho éxito para mover las pasiones.

Si lamento el destino de un hombre que ha sido asesinado, ¿no debo imaginar en mi mente una imagen viva de todo lo que le ocurrió? ¿No debería emocionarme al hablar de ello si quiero transmitir esas sensaciones?

Cuando hay ocasión para moverse a la compasión, deberíamos creer y, en efecto, persuadirnos que la angustia y las desgracias de las cuales hablamos nos han pasado a nosotros mismos. Vamos a situarnos en la posición de aquellos para los que sentíamos pena debido a que han sufrido un tratamiento penoso e inmerecido. Vamos a defender su causa, no como si fuera de otro, sino teniendo en cuenta, por poco tiempo, todo su dolor. De esta manera hablaremos como si el caso fuera nuestro. He visto cómicos que, cuando aparecen con un personaje triste, a menudo salen del paso con lágrimas en sus ojos. Si entonces la expresión dada a pasiones imaginarias puede afectar tan poderosamente, qué deben hacer los oradores, cuyos sentimientos íntimos deberían compadecer con la manera de hablar. Deben afectarse por las mismas imágenes, por las mismas situaciones que intentan transmitir.

REGLAS PARA LA PRÁCTICA

En los ejercicios de declamatoria de las escuelas sería oportuno mover las pasiones e imaginar la escena como si fuera la que sucede en la vida real y asumir los sentimientos reales.

WALTER L. PRIZE y GRENVILLE KLEISER

EL ESTUDIO
DE LAS PALABRAS

Lo que sigue a continuación requiere especial atención y trabajo, con objeto de tratar la elocución[16] o declamación, que en opinión de todos los oradores es la parte más difícil de nuestro trabajo. Marco Antonio[17], que ha visto muchos oradores y muy buenos, pero ninguno lo suficientemente elocuente, cree que es necesario decir lo que sea imprescindible sobre un tema, pero que sólo los más elocuentes lo expondrán con gracia y elegancia.

Cicerón dice que la invención y la disposición muestran al hombre con sentido, pero al orador lo hace la elocuencia[18]. Por lo tanto, el orador debe preocuparse especialmente acerca de esto, instruyéndose en las reglas de este arte.

Ser elocuente no es nada más y nada menos que ser capaz de convertir en palabras y emociones todas las imágenes

---

[16] Según la R.A.E. (Real Academia de la Lengua):
(Del lat. elocutĭo, -ōnis).
1. f. Manera de hablar para expresar los conceptos.
2. f. Modo de elegir y distribuir los pensamientos y las palabras en el discurso.

[17] *Marcus Antonius;n.* (Roma, 14 de enero de 83 a. C. - Alejandría, 1 de agosto de 30 a. C.) Militar y político romano de la época final de la República, también llamado Marco Antonio *el Triunviro.*

[18] Según la R.A.E. (Real Academia de la Lengua):
(Del lat. eloquentĭa).
1. f. Facultad de hablar o escribir de modo eficaz para deleitar, conmover o persuadir.
2. f. Eficacia para persuadir o conmover que tienen las palabras, los gestos o ademanes y cualquier otra acción o cosa capaz de dar a entender algo con viveza. La elocuencia de los hechos, de las cifras.

vivas que han sido concebido en la mente, para que los oyentes las sientan de la misma manera.

Esto es, por lo tanto, lo que estamos aprendiendo principalmente; es lo que no se puede obtener sin la ayuda del arte; debe ser el objeto de nuestro trabajo, de nuestra tarea, de nuestra imitación; esto puede ser pleno empleo para toda nuestra vida; por ello, un orador se destaca de otro; y se encuentran las diversidades de estilo.

EL VALOR PROPIO DE LAS PALABRAS

No se debe deducir de lo que aquí se dice que todo nuestro cuidado debe ser para las palabras. Por el contrario, como los que abusan de esta concesión que es mía, declaro mi desaprobación a aquellas personas que, descuidando las cosas, los nervios de las causas, se consumen en un estudio frívolo sobre las palabras. Lo hacen por el bien de la elegancia, y sin embargo, ofrecen discursos recargados de "nada" y vacíos de corazón. Un cuerpo sano, con un buen estado de la sangre y fuerte por el ejercicio, recibe su belleza de las cosas de las que reciben su fuerza. Son claras, frescas activas y ágiles. Existe un equilibrio. Por eso, quisiera recomendar tener cuidado con las palabras, y precaución sobre las cosas.

EL PELIGRO DE LA PALABRERÍA

Sucede a menudo, también, que una oración se empeora si caemos en la palabrería o verborrea; porque la simplicidad, el lenguaje de la verdad, es su mayor adorno y nos lleva donde nos debe llevar el discurso.

Las expresiones que muestran cuidado excesivo, aparecerán como recién formadas, muy finas, y pierden la gracia que tienen como objetivo. Están muy lejos de ser sorprendentes y bien recibidas por el oyente, porque ocultan el sentido mediante la difusión de una especie de sombra sobre ellas, o por estar tan recargadas que ahogan.

Aquello que puede decirse con un lenguaje simple y directo, debe decirse así. Y cuando la repetición redunda, con una palabra será suficiente; si añadimos muchas palabras, daremos rodeos innecesarios a la idea fundamental que queremos transmitir.

Cuando con una palabra acertamos a transmitir lo que queremos, logramos la magia; cuando damos vueltas y más vueltas sin dejar nada claro, ensuciamos nuestro discurso.

Cicerón es explícito en sus opiniones al respecto: "La mayor crítica que puede tener un discurso es el momento en el que se aparta del camino de la exposición y del sentido común".

Se busca refinamiento y delicadeza, no adornos vacíos. Y eso se consigue a base de estudio y práctica.

ADQUIRIENDO UN VOCABULARIO PRÁCTICO

Para el orador es horrible, e incluso me atrevo a decir denigrante, perder la paciencia por no tener un buen dominio del lenguaje. Por esa razón los más grandes de la historia se comprometieron a dominar el arte de la palabra.

Pero todo esto requiere un estudio previo, una facultad adquirida y una base amplia de palabras. De lo que se pide en lo que respecta a inventar, a juzgar, y comparar, esto debe tener lugar cuando se aprende, y no cuando hablamos. Los que no han cultivado sus talentos para hablar en público, experimentarán la suerte de aquellos que no han hecho previsión alguna de su futuro. Pero si ya tenemos preparado un buen inventario de palabras, éste siempre será una bolsa mágica de la cual podremos sacar la palabra correcta en el momento adecuado. Estaremos preparados para ello.

CÓMO ELEGIR LAS PALABRAS ADECUADAS

Las palabras más correctas serán aquellas que mejor expresen las ideas en nuestra mente, y que produzcan en los oyentes el efecto que deseamos. Esto, sin duda, hará un discurso tan admirable como agradable. No admirable como los prodigios, ni agradable por el vicio y placer impropio, sino por un placer que refleja dignidad y sencillez con elogio.

GRACIA Y ELEGANCIA

El éxito de Cicerón no se debió sólo a instruir a los oyentes hablando con un estilo claro y puro. Estas cualidades le trajeron la admiración y el aplauso del pueblo romano, pero fue la sublimidad, magnificencia, esplendor y dignidad de su elocuencia las que forzaron muestras de asombro.

EL VALOR DE LA BELLEZA EN LA EXPRESIÓN

Estos adornos en el discurso pueden pensarse para contribuir en menor medida al éxito de la causa. Los oyentes escuchan más atentamente y están más predispuestos a "creer" en lo que les contamos. Es un placer que les gana, les arrebata la razón y les lleva a la admiración. Una espada reluce a los ojos con cierto pavor, y los truenos no nos escandalizarían sin su sonido, y no sólo con su rayo, aunque fuera temible. Por tanto, Cicerón, con buenas razones, dice en una de sus epístolas a Bruto: *La elocuencia que no despierta admiración, se cuenta como si nada.* Aristóteles también quiere que nos esforcemos por lograr esta perfección. Pero tengo que repetir una y otra vez, que este adorno debería ser caballeroso, noble y modesto.

DESARROLLANDO VARIEDAD EN EL ESTILO

Es necesario observar que esta vestimenta con la que recubrimos y maquillamos nuestro discurso debería variar según la naturaleza del tema. El mismo estilo no encajará igualmente en las causas deliberativas, judiciales o demostrativas. La primera muestra toda la riqueza del arte, y expone a la vista toda la pompa de la elocuencia; no actúa por estratagema, ni lucha por la victoria, sino que alaba y glorifica, y su único fin es que resulte agradable en el pensamiento, hermoso en la expresión, atractivo en la vuelta, magnífico en la metáfora, elaborado en la composición...

Cuando estamos en la parte judicial, el concurso debe ser totalmente serio; cuida la reputación que debe ser la última preocupación del orador. Por esta razón, cuando de alguna forma todo está en juego, uno no debe preocuparse por las palabras. Yo no digo que no deba haber adornos, sino que deberían ser más modestos y severos, menos aparentes, y sobre todo, adaptados al tema.

En las deliberaciones se requiere algo más elevado; se necesita ir un poco más allá de la simple y fácil manera del discurso común.

LA ELECCIÓN DE LAS PALABRAS

Los adornos, al igual que la perspicuidad[19] de un discurso, consisten tanto en palabras individuales como en el conjunto. Para ello debemos considerar qué requieren las palabras individuales o el conjunto de ellas.

Muchas palabras significan muchas veces lo mismo, y por ello se denominan sinónimos; algunas de éstas son más sublimes, aceptables, entendidas y amplias en pronunciación que otras. Como las letras más claras en sonido comunican la misma calidad al componerse en sílabas, las pala-

---

[19] Según la R.A.E. (Real Academia de la Lengua):
Perspicuo, cua.
(Del lat. perspicŭus).
1. adj. Claro, transparente y terso.
2. adj. Dicho de una persona: Que se explica con claridad.
3. adj. Dicho del estilo: inteligible (que puede ser entendido).

bras compuestas por estas sílabas se hacen más sonoras, y cuanta mayor sea la fuerza o sonido de las sílabas, mayor será el placer producido en los oídos. Lo que hace la unión de sílabas también lo hace la unión de palabras, por eso una palabra que suena bien con una, puede sonar mal con otra.

Hay gran variedad en el uso de las palabras. Las palabras duras son las que mejor expresan cosas de naturaleza atroz. En general, lo mejor de las palabras simples se cree que es que suenen lo más alto posible en una exclamación y lo más dulce posible en un esfuerzo agradable. Las palabras modestas son preferibles a aquellas que deben ofender un oído casto, y no hay discurso educado que permita bajo ningún concepto una expresión sórdida o sucia. Las palabras nobles y sublimes son las que se esperan por la congruencia del tema; aquello que es expedido en un lugar resulta grandilocuente en otro; y aquello que es escaso en un tema relevante, resultara propio en una situación más humilde. Como en un estilo espléndido una palabra de nivel bajo resultará fuera de lugar, lo mismo pasará con una expresión pomposa y sublime en un tema que es plano y familiar, y por ello se considera corrupto, porque eleva aquello de debemos encontrar con su simplicidad natural.

LA FORMA DE DAR UN DISCURSO

Debo pasar ahora a la construcción de palabras, observando que su uso ornamental puede considerarse bajo dos puntos de vista; el primero, como algo que mantiene la elocución que concebimos en nuestras mentes, y segundo, como la manera de expresarlo. Debemos ser claros respeto a lo que queremos ampliar o disminuir. Depende de si vamos a hablar con moderación o efusividad, con estilo austero o grandilocuente, de modo conciso o repetido, con palabras con invectiva amarga o con aquellas que muestran una disposición plácida y cuidadosa, con grandilocuencia o de forma sencilla... Además, lo que es igualmente importante es saber qué metáforas, figuras, pensamientos, maneras, disposiciones, son las que mejor encajan para hacer nuestro propósito efectivo y conseguir nuestros objetivos.

ERRORES DE EXPRESIÓN A EVITAR

Al hablar de los adornos de un discurso, no debe olvidarse tratar primero las cualidades contrarias a ellos, porque la principal perfección consiste en estar libre de fallos. Por consiguiente, no debemos esperar adornos que no son necesarios en un discurso. No digo que no aparezca suavizado e introducido dentro del discurso, pues eso es parte de adornar, pero la redundancia de algo innecesario y que no aporta nada sustancial es en realidad un fallo; un fallo a evitar desde el primer momento. Cada palabra debe tener peso y autoridad, y deben estar ligadas y en consonancia a las ideas del orador. Esto nos abre un gran abanico de posibilidades que no debemos superar en ningún caso. Por lo tanto, las metáforas, los superlativos, epítetos, compuestos y palabras sinónimas, deben estar justificados para que expresen plenamente la acción y las ideas a desarrollar.

También debemos evitar el fallo que hace que una frase no parezca lo suficientemente amplia, a causa de que algo chirríe al oírla; aunque esto es más bien un vicio relacionado con los adornos en el discurso. Pero cuando se lleva a cabo por alguna razón en particular, entonces, se convierte en una figura del lenguaje. También debemos ser conscientes del uso premeditado de la tautología, que es una repetición de la misma palabra o pensamiento, o el uso de muchas palabras similares o pensamientos. Aunque este no parece haber sido muy vigilado por algunos autores de gran nivel, es, a pesar de ello, un fallo, si redunda y no ayuda a retener el mensaje final. El propio Cicerón cae a menudo en este fallo.

La similitud en la expresión es todavía un vicio, porque la mente está cansada por la falta de la variedad, y el discurso es todo de un solo color, mostrando una gran deficiencia en el arte de la retórica. Además crea aversión, y durante mucho tiempo se vuelve insoportable, tanto para la mente como a los oídos, a través de la repetición tediosa de pensamientos, cifras y períodos. Se trata de otro problema causado por la extrema ansiedad, para ser exactos, pero que es tan distante de la exactitud como la superstición es de la verdadera religión. En resumen, cada palabra que no contribuye ni a la perspicuidad ni al adorno, puede ser denominada vicio negativo del habla.

Una impostada afectación es defectuosa en todos los sentidos. Todo aquello grandilocuente, inconsistente y dulcemente estudiado, redundante, con pensamientos distantes, recae bajo la misma denominación. Aunque cualquier cosa que vaya más allá de las barreras de la perfección, puede denominarse afectación, y ésta sucede tan a menudo como el genio carezca de juicio, y sufra al dejarse engañar por apariencia de bueno. Éste es el peor de los vicios en temas de elocuencia, incluso cuando se evitan otros; es solicitado y enviste completamente contra la elocución.

Hay vicios carentes de sentido, por ser muy comunes, o por todo lo contrario, o innecesarios. Un estilo corrupto se compone principalmente de palabras deshonestas, en su redundancia, en su significado oculto, en una débil composición y en una caza pueril tras un sinónimo o palabra ambigua. Cada afectación impostada es falsa como consecuencia de su idea, aunque no todo lo que es falso es una afectación.

USO DE LA DESCRIPCIÓN GRÁFICA

No puede haber una mayor perfección que expresar las cosas de las que hablamos de forma tan viva como para hacerlas aparecer como reales en la mente del oyente.

Esta perfección, es la más grande, en mi opinión, que un discurso puede tener, porque resulta lo más fácil de recordar y mantener en el tiempo. Para la elocuencia es ideal crear, en la mente del oyente, agrado por aquello que le suena familiar.

CÓMO EMPLEAR METÁFORAS Y SÍMILES

Debemos ser sumamente cautelosos en cuanto a similitudes; no debemos utilizarlas si resultan oscuras o desconocidas. Por lo que se supone para beneficio de ilustrar otras cosas, debe ser, de hecho, más claro que aquello que ilustra.

Hablando de argumentos, he mencionado un tipo de símil que, como adorno al discurso, contribuye a hacerlo sublime, florido, agradable y admirable. Cuanto más distante sea la similitud, más inesperada y nueva parecerá. Algunos pueden pensar que es un tópico, pero vale mucho la pena para hacer creer a la gente aquello que defendemos, el mensaje final que le queremos transmitir.De un tipo parecido es un adorno que no sólo representa las cosas, sino que también lo hace de manera animada y concisa. Sin duda, una concisión donde no falta de nada, es justamente alabada; pues dice precisamente sólo lo necesario: aquello que se expresa en pocas palabras, lo hace con las más bonitas.

La elocuencia no creo que baste para demostrar lo que se habla, de manera clara y evidente; se debe utilizar, además, una variedad de otros elementos para adornar un discurso. Por lo tanto, se trata de un estilo invariable y simple con belleza, pero una belleza totalmente pura y natural, como la que es admirada en las mujeres. Belleza también se adjunta a la propia y justa medida de expresión, y esta belleza es la más elegante, ya que muestra poco cuidado.

Hay una abundancia que es rica: la abundancia de los símiles. Es un poder enorme que debemos utilizar sin pestañear, ya que nos otorgará fuerza y eficacia con el discurso.

ESTILO Y COMPOSICIÓN

Sé bien que hay algunos que no sancionarán cualquier descuido en la composición, alegando que las palabras fluyen de forma natural. He de admitir que el arte de la retórica en este sentido no tiene pretensiones a ese nivel. Es cierto que los primeros hombres no hablaban de acuerdo con la exactitud de las reglas de la composición, ni conocían el arte de la preparación con un *exordium*, ni de la información en una narración, ni de la demostración con argumentos, ni sabían desplazarse a través de las pasiones.

Eran deficientes en todas estas particularidades, no sólo en la composición. Sin embargo, sería absurdo no aprovechar la oportunidad de mejorar. Antes lo hacían en función de sus conocimientos, reflexiones y experiencias. Hoy en día nuestros conocimientos, reflexiones y experiencias han aumentado notablemente con lo cual también debe haber variado nuestra forma de afrontar el estilo y la composición. Si podemos, debemos mejorar y atender todo este tipo de cuestiones que harán que nuestro discurso mejore sus prestaciones notablemente.

EL PODER DE LA COMPOSICIÓN HÁBIL

¿Cómo es posible que un amasijo de improperios y palabras malsonantes nos puedan enganchar más que algo que está bien ensamblado y colocado correctamente? Si algunos autores flojean en los temas que tienen que tratar, por el esfuerzo en cierta suave y lasciva medida, no debemos juzgar en ese aspecto que es el fallo de la composición.

Por ello, la composición, en mi opinión, es para pensamientos y palabras lo que la mirilla de un rifle para dirigirla bala; y debo decir que cuanto más aprendo más me convenzo de que es algo que no solo provoca placer, sino que nos ayuda a dar una buena impresión de nosotros mismos a los demás. En primer lugar, porque hay pocas posibilidades de que nada afecte al corazón, ya que se busca deleitar a los oídos. En segundo lugar, porque nos afectamos de forma natural por la harmonía, en caso contrario los instrumentos musicales, los cuales no expresan palabras, no nos harían sentir ningún tipo de emoción agradable. En los cantos sagrados, algunas melodías se emplean para saciar el corazón hasta el éxtasis; otras para restaurar la mente a su tranquilidad natural. No es lo mismo un sonido de trompeta para señalar una unión matrimonial que para una derrota donde se implora la piedad del conquistador; ni es lo mismo marcar como una armada se rinde a dar batalla o cuando está intentando retirarse.

Era una práctica común de los filósofos pitagóricos levantarse por la mañana despertando sus mentes con el arte de la lira, para que estuvieran más alerta para la acción; y tenían el mismo recurso musical para entretenerse e ir a dormir, creyendo que esto era un medio para despejar todo aquel pensamiento amargo que haya podido alterarles a lo largo del día.

Entonces, si tal poder descansa en las modulaciones y compases musicales, ¿qué debe ocurrir con la elocuencia, con la música que representa la armonía del discurso? De hecho, tanto como esencial para que un pensamiento se exprese en las palabras adecuadas, es igualmente necesario que las mismas palabras se dispongan en un orden propio de composición, que puedan fluir y acabar de forma armoniosa.

Algunas cosas son de poca importancia en su significado, requieren de forma moderada la elocución y son loables solo por esta perfección; y hay otras que aparecerán expresadas con tal fuerza, belleza y delicadeza, que si el orden en el que se postulan se modifica o altera, toda fuerza, belleza y delicadeza, se desvanecerá de ellos.

LAS BASES DE UNA COMPOSICIÓN

Hay tres cosas básicas en todo tipo de composición. Son el orden, la corrección y número.

1) EL ORDEN

Vamos a hablar primero del orden, que se aplica a las palabras consideradas en solitario o en conjunto. Con respecto al primero, hay que tener cuidado de que no se añadan las palabras más débiles a una más fuerte, ya que se considera un sacrilegio. El sentido tiene que subir y aumentar, lo que Cicerón observa de forma admirable donde dice: "Y tú, con esa voz, pulmones, y ese vigor de todo tu cuerpo". Aquí cada cosa que le sucede es más fuerte que la anterior. Si hubiese empezado con todo el cuerpo, no podría descender con propiedad a la voz y los pulmones.

Las palabras en prosa no se miden como los pies que componen el verso, que son, por lo tanto, transferidos de un lugar a otro, para que sean colocados donde mejor encajen, como en un edificio donde la irregularidad, aunque hermosa, de piedras rugosas es a la vez adecuada y correcta. Sin embargo, la mejor composición que la lengua pueda tener, es mantener un orden natural, conexión, y una cadencia que fluya de forma periódica. A veces hay algo muy llamativo en una palabra. Colocada en el medio de una oración, podría pasar desapercibida, o quedar oculta por las otras palabras que se encuentran en ella, pero cuando se ponen al final ayuda al oyente a retenerla en su mente.

2) LA CONEXIÓN

La conexión sigue a las palabras, a los artículos, a las partes y al período; todos estos con su belleza y los fallos consecuencia de su manera de conectar entre sí. Es posible que se trate de una observación general que en la colocación de sílabas, su sonido será más duro si se pronuncian con la misma o distinta posición de la boca. Sin embargo, esto no es para considerarse como una falta importante, y no sé qué es peor aquí, si la falta de atención o un exceso de cuidado. Demasiado cuidado debe calmar el fuego y la impetuosidad de habla, mientras que al mismo tiempo evita que la mente atienda pensamientos que son de mayor actualidad.

3) NÚMERO

No hay números en ningún lugar tan destacados como en el final de períodos; en primer lugar, porque divide el inicio de lo que sigue; segundo, porque los oyentes que siguen la corriente de las palabras, y, por decirlo así, se sumergen en la corriente de la oratoria, llegan al momento de la reflexión. Por lo tanto, no existiría nada duro ni brusco en algo que finaliza, que parece calculado para el descanso y la recreación de la mente y el oído. Esto, también, es el lugar de descanso de la oratoria; el oyente espera, y aquí irrumpen todas sus efusiones de alabanza.

LA COMPOSICIÓN DE LOS PERÍODOS

El comienzo de los períodos requiere tanta atención como el cierre de los mismos, pues el oyente presta bastante atención en ellos. Pero es más fácil observar números al comienzo de los períodos, ya que no están en función, ni están conectados con lo que ocurrió anteriormente. Sin embargo, al final de los períodos, sin importar la composición y los números, todo encanto se perderá si procedemos con un duro y precipitado comienzo.

En lo que respecta a la composición de la parte medía de un período, el cuidado no se debe tener solo en la conexión entre períodos, sino también que no pueda parecer ni lento, ni muy largo, ni, lo que es ahora un gran vicio, saltarse y empezar desde la unión repetida de sílabas cortas, y producir el mismo efecto en el oído que la rabieta de un niño.

Es tan importante ordenar comienzo y final como comenzar o terminar con sentido.

El espacio intermedio, aunque tenga algún descanso para respirar, también debe mantener una especie de composición, debido a las pausas que sirven como tantos grados de pronunciación.

Cicerón denomina el período de muchas maneras distintas, llamándolo circuito, comprensión, continuación y circunscripción. Existen de dos tipos: **1)** Los simples, donde un solo pensamiento se desarrolla con un número considerable de palabras; y **2)** Los que consisten en miembros y artículos que incluyen muchos pensamientos.

El orador tiene la ocasión, en cualquier momento, de ser más severo para actuar de forma resolutiva y resaltada; debe hablar por miembros y artículos. Esta manera tiene un basto poder y eficacia en una oración. La composición debe adaptarse en sí misma a la naturaleza de las cosas; de esta manera, incluso aquello que es tosco y se concibe en sonidos y números groseros, puede hacerse admisible para que entre en lo más profundo de las pasiones del orador. Es recomendable, para la mayor parte, hacer la narración por partes; o si se emplean miembros, deben de ser más ligeros y menos elaborados que en otras partes. Pero creo que esas narraciones son calculadas más para decoro que para dar información alguna.

EL USO DE LOS PERÍODOS

El período es propio de *exordiums* de discursos donde se tratan temas mayores, donde el tema requiere pena, soledad...

También en lugares comunes y en cualquier tipo de amplificación; pero si acusas, debe ser de forma cercana y compacta; si alabas, debe ser una alabanza completa y con sentido.

Es también necesario el buen uso en peroraciones, y puede ser empleado sin restricciones en cualquier lugar de la composición que requiera estar situado en cierta medida de manera noble y grande, y cuando el oyente no solo tenga un conocimiento completo del tema, sino que también pueda quedar cautivado con la belleza del discurso y, creyendo al orador, se deje llevar por el deleite.

La historia no se postula mucho en la necesidad de una fluidez de palabras periódicas, ya que prefiere moverse alrededor de un cierto círculo perpetuo, donde todos sus miembros están conectados unos con otros, fluyendo y deslizándose entre un tema y el siguiente. Cualquiera que pertenezca al tipo demostrativo tiene más números libres y fluidos. El judicial y el deliberativo, siendo distintos y variados en su materia, requieren ocasionalmente una forma diferente en su composición.

ENCAJANDO LA EXPRESIÓN EN EL PENSAMIENTO

¿Quién duda que algunas cosas se expresen de forma educada, otras con mayor efusividad, otras de forma sublime, otras con contención y otras de forma grave? Compuestos de largas sílabas encajan mejor en temas graves, sublimes y decorativos. Lo grave tomará mayor espacio en la pronunciación, mientras que el sublime y decorativo demandará una expresión más clara y sonora. Compuestos de sílabas cortas son más adecuados en divisiones, argumentos y en cualquier lugar que tenga lugar la naturalidad de la conversación ordinaria.

La composición del *exordium* variará según el tema lo requiera. La mente del oyente no es siempre la misma; de este modo, según el tiempo y las circunstancias, debemos de ser modestos, sencillos, graves, insinuantes; desde pedir piedad hasta demandar diligencia. Como la naturaleza de todos ellos es diferente, su composición debe encaminarse de una forma distinta.

Debemos, en cierta medida, tener claro que la composición debe estar modelada en la manera de pronunciar. ¿No somos en los *exordiums* normalmente modestos, excepto cuando la causas de la acusación que llevamos irrita las mentes de los oyentes? ¿No somos copiosos y explícitos en la narración, en argumentos animados y vivos en los que incluso enseñamos de forma animada nuestras acciones, en lugares comunes y descripciones, adornos exuberantes y en peroraciones, donde la mayor parte caen por angustia?

De toda la variedad que encontramos en un discurso, podemos encontrar otra instancia paralela en los movimientos del cuerpo. Con todo ello, ¿No son las circunstancias las que regulan sus respectivos grados de lentitud y celeridad? Tanto en el baile como en el canto, ¿no se emplea la música para piezas donde el ritmo del tiempo nos hace sensibles? Como nuestra voz y nuestra acción son expresiones de nuestros sentimientos más íntimos en relación a la naturaleza de las cosas de las que hablamos, entonces ¿necesitamos sorprendernos si una conformidad debe encontrarse en el pie que comienza la composición de una pieza de elocuencia? ¿No deben ser temas sublimes hechos para andar con solemnidad majestuosa, los suaves para mantenerse en una

tranquilidad, los vivos y animados parar saltarse con celeridad y los delicados y agradables para fluir con suavidad?

FALLOS EN LA COMPOSICIÓN

Si no pueden evitarse los fallos en la composición, debo dar
preferencia a aquello que es duro y complicado antes que a
aquello que es tranquilo y débil; los resultados de un estilo
afectado que muchos hoy estudian, y corrompen cada vez
más, volviéndose una danza más que la majestuosidad de la
elocuencia. Pero no puedo decir que cualquier composición
es buena, cuando siempre presenta la misma forma, y siempre cae sobre el mismo pie. Una observación constante de
medidas y cadencias similares, es un tipo de métrica, y prosa
en la que todo este fallo es detectable, puede no tener en
cuenta porque lo hace a causa de su afectación manifiesta
(la sospecha de que debe evitarse), y su uniformidad que,
por supuesto, puede fatigar y disgustar a la mente.

Este vicio puede tener algunos encantos que enganchen
a primera vista, pero cuanto más dulces sean, más cortos
serán en continuidad; y una vez detectado el orador de
alguna angustia en este respecto, perderá toda credibilidad
que se haya mostrado hacia él; se esforzara en vano para
conseguir las impresiones en las mentes que esperaba crear.
Algunas de las conexiones de composición suave deberían,
por lo tanto, parecer más trabajadas.

No vamos a ser los esclavos de la colocación de las palabras, como del estudio de las transposiciones más de lo
necesario, no sea que lo que hacemos con el fin de agradar,
pueda desagradar.

Para concluir, la composición debe ser ordenada, agradable
y variada. Sus piezas son tres: el orden, la conexión, y el
número. Su arte consiste en añadir, reestructurar, cambiar.
Sus cualidades están de acuerdo a la naturaleza de las cosas

que discutimos. El cuidado en la composición debe ser perfecto, pero no dejando de lado el cuidado de pensar y hablar. Lo que merece ser especialmente atendido es ocultar el cuidado de la composición, que las cifras pueden parecer fluir por su propia voluntad, y no con la menor constancia o afectación.

LA LECTURA
Y LA ESCUCHA

La elocuencia no será nunca sólida y robusta a menos que se acumule fuerza y consistencia a base de mucho escribir y componer; y sin mucha lectura, ese trabajo irá por mal camino por falta de un guía. Y aunque el orador que tiene el don y el talento de hablar se sienta cómodo y dispuesto para el discurso, no podrá evitar sentirse como un hombre vigilando un tesoro escondido. Nuestro orador, que suponemos familiarizado con la manera de inventar y disponer las cosas, de seleccionar las palabras, y colocarlas en el orden correcto, requiere nada más que el conocimiento de los medios con los que de la forma más eficiente y adecuada, pueda ejecutar lo que ha aprendido. Entonces, no cabe duda de que debe adquirir una gran riqueza, a fin de tener todo listo para emplearlo cuando sea necesario, y esta gran riqueza consiste en un suministro abundante de cosas y palabras.

LA PALABRA CORRECTA
EN EL LUGAR CORRECTO

Cada cosa es peculiar de su respectiva causa, o común a unas cuantas, pero una disposición de palabras debe hacerse de forma indiscriminada en todos los temas. Si cada palabra tuviera un significado preciso para cada cosa, nuestra perplejidad sería menor, porque entonces las palabras se presentarían inmediatamente con las cosas, algunas de las cuales son más adecuadas que otras, o más decorativas o más enfáticas, o más armónicas… No deben sólo ser conocidas, sino que se mantendrán listas y a la vista, por decirlo así, cuando se presenten para la selección del orador, y pueda hacer una elección de las mejores con suma facilidad.

Sé que algunos practican clasificando en conjunto todas las palabras sinónimas y memorizándolas, por lo que al menos una se le pasará por su cabeza de forma más rápida y sencilla; y cuando han utilizado una palabra, y poco después la vuelvan a necesitar, tomen otra con el mismo significado para evitar la repetición de palabras.

Aprender a escuchar y leer mejor, nos puede ayudar a mejorar en este aspecto.

EL VALOR DE ESCUCHAR A ORADORES

Podemos, con algunas composiciones elocuentes, obtener más ganancias si las leemos, pero con otras, es mejor escucharlas pronunciadas. El orador mantiene despiertos todos nuestros sentidos y nos inspira por la pasión que le mueve. Nos encontramos, no por la imagen y el exterior de las cosas, sino por las cosas mismas. Todo es vida y movimiento, y con deseo de éxito, recibimos de forma favorable todo lo que dice; nos llama por el encanto de la novedad. Junto con el orador, nos encontramos profundamente interesados en el tema del juicio y la seguridad de las partes cuya defensa ha realizado. Además de éstos, encontramos otras cosas que nos afectan: una voz delicada, una acción agraciada que corresponde con lo que se dice, y una manera de pronunciación, que es tal vez el adorno más poderoso de la elocuencia; en definitiva, todo lo realizado y manejado de la manera que es más apropiada.

LAS VENTAJAS DE LEER

En la lectura, nuestro juicio se asienta de forma más segura, porque a menudo nuestras buenas intenciones para con el orador o los aplausos que le otorgamos, nos sorprenden con aprobación. Nos avergüenza no tener la misma opinión que los demás, y por una especie de secreto oculto nos hace creer que somos más listos que el resto.

Leer, además, nos hace más despiertos, más imaginativos, nos hace aprender el lenguaje, disfrutar de él. Uno aprende a hablar correctamente con el uso de la lectura, asimilando las estructuras, las palabras necesarias y correctas, y aprendiendo como la suma de vocablos puede dar lugar a algo que nos emocione dentro de nuestros corazones.

CÓMO LEER Y OBTENER MÁS RENDIMIENTO DE LA LECTURA

Debemos leer a los mejores autores, aprender de ellos a ser tan grandes como podamos llegar a ser.

Las primeras lecturas son necesarias; las relecturas, imprescindibles, ya que en ellas encontramos el poso que desprende la sabiduría. Por esta razón, tras las consideraciones particulares, no está de más releer todo el conjunto.

QUÉ LEER

Teofrasto dice que la lectura de la poesía es algo muy útil para el orador. Muchos como él son de la misma opinión por buenos motivos, ya que los poetas pueden obtener energía en el pensamiento, sublimidad en la expresión, fuerza y variedad en los sentimientos, propiedad y decoro en el carácter, junto con esa diversión de animar y refrescar las mentes de los oyentes, o lectores, en este caso.

Su único objetivo es el placer, y siempre aspira a él. Los oradores, en cambio, deben manternerse en su terreno completamente armados para la batalla, y si tienen que luchar por asuntos de la mayor consecuencia, no deben pensar en nada más que obtener la victoria.

En la lectura de los manuales de historia hay otro beneficio, y de hecho el mayor, pero no relativo al tema que nos concierne. Este procede del conocimiento de hechos y ejemplos, los cuales el orador debe tener bastante claros, para que no todos sus testimonios procedan de las partes, sino también de la antiguedad, la cual, a lo largo de la historia nos apoya. Estos testimonios serán más poderosos porque están exentos de sospechas en prejuicio y parcialidad.

Cicerón confesó que él mismo recibió gran ventaja de antiguos autores, que fueron, de hecho, muy ingeniosos, pero deficientes en el arte. Antes de hablar del mérito de cada autor, debo resumir en pocas palabras algunas reflexiones generales de la diversidad en el gusto en temas de elocuencia. Muchos pensamos que los antiguos autores merecen ser estudiados, creyendo que ellos por sí mismos ya han observado y experimentado por la propia elocuencia y la fuerza de la lengua.

Otros se sienten atraídos por la profusión de oradores contemporáneos, con sus giros pequeños, y con todos los halagos que hábilmente inventan para encantar los oídos de una ignorante multitud. Algunos optan por seguir la sencilla y directa manera de hablar; deciden sonar sinceros y verdaderos y claros para dar paso, poco a poco, a una conversación más trabajada.

Algunos están encantados con la fuerza del genio más ardiente e impetuoso. Otros, y no sólo unos pocos, con una manera más suave, elegante y educada.

CUALIDADES DE LOS AUTORES CLÁSICOS

HOMERO

Vamos a empezar con Homero[20].

Él es quién dio a luz y ejemplo a toda la elocuencia y a sus partes. Como él mismo dijo: el curso de los ríos y manantiales debe su origen al océano. Nadie, en grandes y pequeños temas, le ha superado en grandilocuencia.

Es un orador cercano y florido, grave y agradable, admirable por su concisión, así como por su abundancia de recursos, y no sólo de eminente poética, sino también en habilidades en la oratoria.

ESQUILO

Esquilo[21] es el que engendró la tragedia. Es sublime y grave, y a menudo pomposo en exceso. Pero sus historias son en su mayoría mal tratadas al igual que mal dirigidas. Por esa razón los atenienses permitían a los poetas que aparecieron después corregir sus piezas y ajustarlas para ser representadas, y de este modo muchos de estos poetas recibieron el honor de ser encumbrados.

[20] Ὅμηρος Hómēros; (c. siglo VIII a. C). El mayor poeta griego de todos los tiempos. Autor de los dos poemas épicos más destacados de la antigüedad: *Ilíada* y *Odisea*.

[21] Αἰσχύλος, Aisjílos. Grecia (525 a. C. – 456 a. C.,) Dramaturgo griego, considerado uno de los grandes representantes de la tragedia griega, junto con Sófocles y Eurípides.

SÓFOCLES Y EURÍPIDES

Sófocles[22] y Eurípides[23] llevaron la tragedia a la perfección; pero la diferencia en su modo de actuar ocasionó grandes disputas entre los eruditos por sus méritos poéticos. Por mi parte, voy a dejar este asunto sin resolver, ya que no tiene nada que ver con mi actual propósito. Debo confesar, sin embargo, que el estudio de Eurípides será de mayor valor para que los que se preparan para la abogacía, a pesar del hecho de que su estilo se aproxima al de la oratoria, abunda en pensamientos filosóficos, y en las máximas filosóficas está en igualdad con los filósofos. Es excepcional por su magistral forma de agitar pasiones, y más especialmente, incitando a la simpatía.

TUCÍDIDES Y HERÓDOTO

Existen muchos escritores famosos en la historia, pero todos están de acuerdo en dar preferencia a dos, cuyas perfecciones, aunque diferentes, han recibido casi los mismos niveles de elogios. Tucídides[24] es sintético, conciso e incluso insistente. Heródoto[25] es dulce, natural y repetitivo. Uno es destacado por su expresión animada de las pasiones más impetuosas, el otro por su suave persuasión en pasiones más livianas: el primero es más exitoso en arengas y tiene más fuerza; el otro le sobrepasa en discursos de relaciones familiares, y es más agradable.

---

[22] *Σοφοκλής, Sophoklés.* Atenas, (496 a. C. - 406 a. C.) Por muchos considerado el mayor poeta trágico de la Antigua Grecia. Autor de *Antígona* o *Edipo Rey*.

[23] *Ευριπίδης.* (Salamina, 480 a. C. - Pella, 406 a. C.) Poeta trágico griego, que junto a Esquilo y Sófocles, dio a la Antigua Grecia sus mejores tragedias, como *Medea* o *Las Troyanas*.

[24] *Θουκυδίδης Thūkydídēs.* (Atenas, 460 a.C.- ¿395? a.C.) Historiador y militar griego, autor de la grandiosa *Historia de la Guerra del Peloponeso* y padre del realismo político.

[25] *Ἡρόδοτος Ἁλικαρνασσεύς.* (Grecia, 484 y el 425 a. C.) Historiador griego, considerado el padre de la historiografía.

DEMÓSTENES

Hay un numeroso grupo de oradores, de los cuales Atenas produjo diez de ellos, que eran contemporáneos unos de otros. Demóstenes fue, con mucho, el principal de ellos, y con una manera de ser tan importante que es el único modelo para la elocuencia; tan grande es su fuerza, tan estrechamente entrelazadas se encuentran todas las cosas en sus discursos, tan grande es su precisión que nunca adoptó expresiones en vano; y por su precisión hace que no carezca de contenido, donde nada es redundante ni vacío.

Esquines es más completo, más difusivo, y aparece como el más grande, ya que es más extenso. Tiene más contenido, pero menos agallas.

LISIAS E ISÓCRATES

Lisias[26], el más viejo entre todos estos, es elegante y si fuera suficiente para el orador la instrucción, nadie sería mejor candidato que él. No hay nada que sobre ni que sea distante en él. No es un gran río, es más bien un arroyo claro.

Isócrates, con un tipo distinto de elocuencia, es fino y delicado, y se adapta mejor para atrapar una recreación real. Era cuidadoso con todo lo bello en el discurso, y tenía razones para ello, intencionando su elocuencia para la escuela y no para el magistrado. Su invención era sencilla, le encantaban las gracias y embellecimientos y era tan agradable en su composición que su extremo cuidado no tenía reprimenda alguna.

---

[26] *Λυσίας*. (Atenas, 458 - 380 a. C). Fue uno de los diez oradores áticos, considerado uno de los mayores y más influyentes oradores y logógrafos de la Antigüedad Clásica.

PLATÓN

De todos los filósofos, Cicerón confiesa que se ha formado por muchos recursos de elocuencia de Platón. ¿Quien duda que Platón sea el más grande, si consideramos la agudeza de sus tesis, o su facultad homérica de elocución? Su prosa se eleva por todo lo alto, e incluso su poesía, que es poesía sólo porque comprende un cierto número de pies, y me parece que no esta tan dotado con la agudeza del hombre, sino que se inspira de algún tipo de oráculo de Delfos.

JENOFONTE

¿Qué voy a decir de la armonía agradable de Jenofonte[27], donde cualquier imitación que hagan Las Gracias parezca haber compuesto su lengua? El testimonio de la antigua comedía sobre Pericles[28], es aplicable a la perfección en Jenofonte, donde la Diosa de la persuasión se ha posado sobre sus labios.

ARISTÓTELES Y TEOFRASTO

¿Y qué puedo decir de la elegancia del resto de discípulos de Sócrates? ¿Qué decir de Aristóteles? No sé qué más admirar en él, si su amplia y profunda erudición, el gran número de escritos, su agradable estilo y la forma, o las invenciones y la incorporación de su ingenio, o la variedad de sus obras. Y en cuanto a Teofrasto, su declamación tiene algo tan noble y tan divino que cualquiera que hable de estas cualidades hablará de él.

---

[27] Ξενοφῶν Xenofón. ca. (431 a. C. - 354 a. C.) Escritor, filósofo e historiador griego, conocido por sus destacados escritos sobre Grecia.

[28] Περικλῆς. Nacido en Atenas 495 a. C.- Fallecido el 429 a. C. Excelso orador ateniense que fue muy importante e influyente en el momento en la que Atenas fue centro neurálgico de poder, entre las Guerras Médicas y las del Peloponeso.

VIRGILIO

En lo que respecta a autores romanos, no podemos más que empezar con Virgilio[29], quien de entre todos los poetas de la épica, es sin duda alguna aquél que más se acerca a Homero. Aunque obligado a ceder el paso a Homero, el genio inmortal y celestial, a su vez encontramos en Virgilio una mayor exactitud y claridad, y resulta conveniente para sacar adelante las penas; de modo que lo que perdemos es la eminencia de las cualidades, aunque quizás ganemos en el lado de la justicia e igualdad.

CICERÓN

Procedo ahora con nuestros oradores, que de la misma manera pusieron la elocuencia en Roma a la par que en Grecia. Cicerón se opondrá enérgicamente contra cualquiera de ellos. Aunque consciente de la pelea, debo llevarlo a la comparación con Demóstenes; cuando mi verdadera opinión de Demóstenes es que debería ser especialmente leído, o, más bien, aprendido de memoria.

Tengo que decir, sin consideración alguna, que juzgo a los autores por las cualidades que poseen; tanto en diseño, disposición, manera de dividir un discurso, preparación mental, comprobación; en resumen todo aquello que pertenece a la inventiva. En la declamación hay algunas diferencias. Una es compacta, otra es más repetitiva; uno se centra en su oponente, el otro permite llegar a la base para luchar; uno es siempre aleatorio y cruel con sus argumentos, otro es en menor medida, quizá porque tenga más razones de peso; de uno nada puede reprocharse, o nada puede añadirse a su causa. Otro tiene más estudios y otro es más natural. Todavía hay que ceder, no por otra razón

---

[29] *Publius Vergilius Maro*. (15 de octubre de 70 a. C. - 21 de septiembre de 19 a. C.) Excelente poeta latino, autor de *La Eneida*.

que la de la edad: Demóstenes vivió antes que Cicerón y porque el orador romano, por importante que sea, debe en gran parte su mérito al del ateniense. Pues me parece que Cicerón, tras haber impuesto todos sus pensamientos sobre los griegos, se conforma hacia su propio modelo. Hizo en los componentes de su personaje la fuerza de Demóstenes, la abundancia de Platón, y la dulzura de Isócrates. Ni él sólo, extrajo lo mejor de estos grandes originales, pero se sintió feliz por el nacimiento de su genio inmortal del cual él mismo produjo la mayor parte, o más bien, de estas mismas perfecciones.

Y para hacer uso de una expresión de Píndaro, no recoge el agua de las lluvias para poner remedio a una sequía natural, pero fluye continuamente, él mismo, de una fuente de aguas, y parece que existió por un peculiar don de la Providencia, que en él puede hacer juicio de toda su fuerza y su ser más potente.

¿Para quién instruir con mayor exactitud y moverse con mayor vehemencia?

¿Qué orador no posee tan grata manera que las mismas cosas que arrebata con fuerza, apetece que se le concedan, y por su violencia se lleva por medio al oyente? ¿Acaso el oyente parece que obedezca su propia voluntad, y no es arrastrado por la del orador? Además, en todo lo que dice no hay tanta autoridad y razón de peso de la que estés avergonzado de diferir de su opinión. Y lo que, al mismo tiempo, es más admirable, son todas estas cualidades, cada una de las cuales puede no ser alcanzada por otro sin infinito sufrimiento; parece ser su forma natural; por lo que sus discursos son los más encantadores y armoniosos que posiblemente se puedan escuchar y retener. A pesar de ello, es tan bueno el aire de felicidad que fluye, que parece que no le ha costado nada.

Cicerón no es tanto el nombre de un hombre sino el de la elocuencia en sí misma. Debemos mantener la vista en él, que sea nuestro modelo, y que el orador que piense que ha realizado importantes avances haya sido aquel que una vez se enamoró de Cicerón.

CÉSAR

César hizo de la abogacía su ocupación principal; no hay otro de nuestros oradores que pueda haber disputado mejor el premio de la elocuencia con Cicerón. Tan grande es su fuerza, tan agudo su ingenio, tan activa su rabia, que sencillamente parece que habla con tanto espíritu como con el que lucha. Un lenguaje puro y con gran elegancia, hizo su estudio en particular; son algo más que adornos de todos estos talentos para la elocuencia.

FILÓSOFOS

Sólo queda hablar de aquellos que han escrito sobre temas filosóficos. Hasta ahora hemos tenido pocos de este tipo. Cicerón, como en cualquier otro aspecto, también en esto, fue un digno rival de Platón. Bruto ha escrito unos excelentes tratados, mérito que es muy superior al de su oratoria. Apoya admirablemente bien el peso de su asunto, y parece que siente lo que dice. Cornelio Celso, al modo de los Escépticos, ha escrito muchos tratados excelentes, que no tienen elegancia ni perspicuidad. Planco, entre los estoicos, es una lectura que puede tener beneficios, en aras de conocer las cosas de las que se examinan. Catio, un epicúreo, tiene cierta frivolidad en su camino, pero en general no es un autor desagradable.

SÉNECA

He omitido hasta ahora hablar de Séneca[30] -que fue excelente en todo tipo de elocuencia, a cuenta de albergar la falsa opinión de la gente que no sólo condenó sus escritos, sino también lo odió. Me llamó la atención esta calumnia por llevar la elocuencia, a una forma más austera, lo que ha sido corrompido y debilitado por muchas delicadezas. Séneca fue casi el único autor que los jóvenes leían por placer. No trato de excluirle absolutamente, pero no podía soportar que le fuera mejor que otros autores mejores, de los cuales tomó todos los posibles dolores para llorar, porque él era consciente de que había tomado una manera diferente desde su forma de escribir, y no podía esperar otra cosa que agradara a las personas que tienen un gusto por los demás.

Sin embargo, para suerte de Séneca, era más amado que imitado. Los que presumieron de hacer uso de la palabra como Séneca, no podían evitar ponerle en evidencia.

Sus perfecciones, sin embargo, fueron muchas y grandes. Su ingenio fue fácil y fructífero; su erudición, su conocimiento extenso en que llegó hasta el punto en ocasiones de conducir al error. Apenas hay una rama de estudio en la que no haya escrito nada, ya que hemos podido leer sus oraciones, sus poemas, cartas y diálogos. En temas filosóficos no fue tan prolífero, pero es admirable por sus invectivas contra el vicio.

Tiene muchos pensamientos claros y muchas cosas destacables que merecen la pena leer para la mejora de la moral; pero su declamación es, en su mayor parte, corrupta, porque sus vicios son de un carácter dulce y seductor. Uno puede esperar que haya escrito con su propio genio y otro puede

---

[30] *Lucius Annæus Seneca*. (Córdoba, 4 a. C. – Roma, 65 d. C.) Orador y político hispanorromano, y el más destacado filósofo del Imperio Romano. Firme defensor de las ventajas de la virtud en el hombre.

esperar la sentencia. Ya que si hubiera rechazado algunas cosas, si hubiera afectado de forma menos estudiosa a algunas bellezas simpáticas, si no hubiera sido tan enternecedor en todas sus producciones, si no hubiera debilitado la importancia de su asunto por pensamientos frívolos, se habría honrado la aprobación del culto, más que la admiración de mozalbetes.

Sin embargo, tal como está, se puede leer cuando el gusto esté formado y reforzado por un tipo más austero de elocuencia. Porque, como he dicho, muchas cosas en él son dignas de admirar, si se ha logrado una opción apropiada, que ojalá que haya creado por sí mismo, como esa naturaleza merece una inclinación hacia lo más correcto, que tiene la habilidad de afectar a cualquier cosa a la que se inclina.

CONOCIMIENTO Y AUTOCONFIANZA

El conocimiento abre las posibilidades dentro de un discurso. El orador tiene muchas más salidas y puede defender sus causas con conocimiento de causa. Además, tener una mayor amplitud de conocimientos hará que se sienta mucho más confiado en conseguir transmitir su mensaje de manera adecuada y emocionar los corazones de los oyentes.

EVALUACIÓN EXHAUSTIVA E INDISPENSABLE

Supongamos que el orador, aun habiendo estudiado su causa lo suficiente en casa y estar bien informado de todo lo propio para mostrarla ante los oyentes, tiene que hacer frente a preguntas imprevistas, alegatos y demás elementos que puedan surgir durante un discurso.

Hay que tener en cuenta que la ignorancia es atrevida; y por eso mismo, capaz que intentar lidiar con la inteligencia. Lo cual sería un grave error de procedimiento.

Cuando el orador es particularmente culto y honesto, y ha estudiado suficientemente la causa, tendrá pocos problemas si alguien difiere de sus ideas, pues podrá reconducir el discurso hacia el lado que más le interese, ya que el conocimiento es la llave que abre las puertas que están más cerradas.

LA MANERA DEL ORADOR

Yo no voy a creer a aquel que va a hablar de forma indiferente, sin mostrar un cambio de color, y ni dar una sensación de peligro. Este sentido debe proceder de las ganas de realizar bien nuestro deber y de no partir del temor, del miedo, pensando que los nervios nos pueden traicionar. Nos pueden traicionar, pero no debilitar. El mejor remedio, por lo tanto, tras un error, es una modesta seguridad, y aunque parezcamos débiles, levantarnos y seguir actuando con elegancia y seguridad.

LA NECESIDAD DE UNA BUENA ENTREGA

Hay recursos naturales, como he especificado antes, que son mejorados por el cuidado, y éstos son la voz, los pulmones, una buena presencia y la elegancia, que a veces son ventajas tan considerables que crean una reputación por nuestro ingenio. Pero lo importante es darlo todo, vaciarse ante tu público y entregar todo lo que uno puede dar en ese momento.

EVITANDO OSTENTACIONES

Era una costumbre en los antiguos para ocultar su elocuencia. Marco Antonio aconsejaba a los oradores hacerlo, con el fin de que pudieran ser más creídos y sus estratagemas pudieran ser menos sospechosas.

En realidad, todo el arte y el diseño se mantiene oculto, como la mayoría de las cosas cuando, una vez descubiertas, pierden su valor. Por lo que he hablado hasta ahora, la elocuencia nada ama tanto como la privacidad. La elección de las palabras, el peso del pensamiento, la elegancia de las figuras, o bien no existen, o aparecen. Pero debido a que aparecen, no son por lo tanto algo que mostrar con ostentación. Si una de las dos debe elegirse, deja que se elogie el discurso antes que al orador.

El orador no debe ser tan inútil como particular como para no adoptar las medidas necesarias para los tipos más pequeños de causas, como si un tema de menor consecuencia disminuyese la reputación que ha adquirido.

NO ABUSES DE TU OPONENTE

Algunos de ellos se toman muchas libertades para abusar del abogado contrario (o del orador contrincante), sin embargo, creo que están actuando de forma poco generosa, en consideración a los deberes comunes de su profesión. A esto hay que añadir que estas salidas de pasión no tienen ventaja alguna para el que suplica, el oponente que, a su vez, con el mismo derecho a abuso, puede hacer que sean incluso más perjudiciales para la causa, porque el oponente, espoleado para convertirse en un verdadero enemigo, guarda todas sus fuerzas e ingenio para conquistar si es posible.

Por encima de todo, la modestia procura al orador tal autoridad y creencia, que una vez que surja su carácter bondadoso, se transforma en carácter luchador. Sin embargo, tomarse libertades de esta clase con frecuencia lleva al orador al riesgo de lanzar expresiones no menos peligrosas para el discurso que para sí mismo. Pericles se acostumbró a desear, con razón, que ninguna palabra pudiese salir de su mente si podía causar algún resentimiento en la gente. El respeto que tenía para con la gente, debería, en mi opinión, tenerse para todos los que tienen en su poder hacer mucho daño. Las palabras se pueden volver en contra de uno.

SOBRE LA PREPARACIÓN ESENCIAL

Cada discurso debe tener una preparación previa. Debe uno venir preparado por escrito, y con los argumentos estudiados y aprendidos. Aunque también el orador debe estar preparado para hacer uso de su sabiduría, pues por la misma naturaleza del discurso, es posible que se tenga que improvisar partes para dar un sentido global a todo. Una simple pregunta de los asistentes puede derivar en un discurso que uno no esperaba. Aun así, los estudios deben estar encaminados para sacar adelante lo inesperado del momento.

Y aunque esto se puede hacer, aún habrá falta de conexión, y la incoherencia se detectará en la desigualdad y diferencia de estilo. Por lo tanto, no hay ni fluidez interrumpida sobre lo que dicen de forma improvisada, ni una unión entre ella y lo que recitan de memoria, por lo que uno debe ser un obstáculo para los otros, para que los escritos siempre traigan la atención de la mente.

Conocer el discurso es un punto esencial para estar preparado al respecto, y la escucha atenta de todos los estados del oponente, es otro. No obstante, no se puede pensar en muchos incidentes particulares y preparar la mente para todas las situaciones de emergencia; eso sería imposible.

Pero si está preparado de antemano, el orador nunca se encontrará perdido o desconcertado, ya que habrá sido preparado por la disciplina y el estudio.

CONCLUSIÓN

Habiendo distinguido y perfeccionado el orador estos aspectos de la elocuencia en las distintas ramas donde puede hacer buen uso del arte de hablar en público, dotado de integridad mental y del talento del habla correcto, puede continuar durante mucho tiempo en el ejercicio de tan noble empleo. El orador está en deuda con lo que es y debe cierta responsabilidad con este hecho. No solo con su conocimiento, que aumenta con los años, sino con el cuidado de su voz, sus cuerdas vocales, la fuerza y templanza de su cuerpo, etc. Todo eso son sus herramientas de trabajo, por lo tanto, debe cuidar de ellas como si fuera oro.

Por lo que yo sé, el momento más feliz en la vida del orador es cuando se retira del mundo para dedicarse a descansar.

Mira hacia atrás y se da cuenta de que su reputación le llevará a la posteridad. Sólo eso ya es motivo de orgullo y satisfacción. Para ser un hombre de bien, que es lo primero y más importante, es necesaria la voluntad de serlo. Quien tiene un deseo sincero de ser un hombre íntegro, tendrá fácil aprender las artes que enseñan la virtud.

La naturaleza nos engendra con las mejores disposiciones, así que es tan fácil como seguir las leyes no escritas de la naturaleza para estar en consonancia con ella.

En cuanto al resto, debemos encontrar algo que nos ahorre años de aprendizaje. Y esto es posible mediante la disciplina, el orden y la metodología. Las reglas de la elocuencia se pueden aprender. Pero para hacerlo de forma notable, será necesario que nos apliquemos no solo con ese arte, sino con otros muchos que nos harán todavía más grandes como oradores. La elocuencia precisa del conocimiento de muchas ciencias, y aprender los preceptos de la moral, etc.

El arte de la retórica no necesita muchos años de aprendizaje. Pero es cierto que el conocimiento de las cosas aumenta cada día; y, aunque los libros a estudiar no son tantos, es necesario leer para adquirir este conocimiento. También es necesario que leamos las opiniones de filósofos y oradores, pues de ellos aprenderemos casi de forma directa.

TOMARSE TIEMPO PARA ESTUDIAR

Se puede conseguir. Los seres humanos estamos acostumbrados a quejarnos de que no tenemos tiempo suficiente, pero siempre encontramos tiempo suficiente para hacer otro tipo de cosas que nos agradan más.

El estudio es una obligación. Y como tal, debe cumplirse, para llegar a ser los mejores en el apartado que hemos elegido en la vida.

Si vamos a dedicar horas y días enteros a estar inactivos o malgastar el tiempo, ¿no deberíamos encontrar en la vida (que es suficientemente larga) tiempo para aprender? Esto se hace evidente en la computación del tiempo empleado en las tareas del día.

Además podemos contar, también, con las ventajas de la noche, pues no necesitamos todas sus horas para dormir. Por supuesto que también podemos añadir el estudio continuo y alargar de esta manera los años de juventud destinados a este fin.

Uno debe buscar la excelencia, llegar a la altura de la perfección. No es solo intentar superar a grandes hombres que vivieron antes que nosotros, es también superarse a sí mismo cada día. Con ese espíritu deberíamos levantarnos cada mañana al alba y con esa motivación acostarnos, satisfechos por el trabajo bien hecho, por la noche.

ÍNDICE

Nos encuentras en:

www.mestasediciones.com